地域包括ケアを問い直す

高齢者の尊厳は守れるか

【編者】鴻上圭太、高倉弘士、北垣智基
【企画】大阪社会保障推進協議会

日本機関紙出版センター

もくじ　地域包括ケアを問い直す　高齢者の尊厳は守れるか

序章　「地域包括ケア」をめぐる制度改革の動向と課題

鴻上圭太（大阪健康福祉短期大学）、北垣智基（同）、高倉弘士（総合社会福祉研究所）

はじめに　高齢期の生活を支える社会保障政策・制度

日常生活を安心して営み続けるうえで、健康は第一義的要因であることは疑い得ない。しかし人は必ず老いる、ということも疑いようのない事実である。体力は衰え、免疫機能は低下し、種々の疾病にかかりやすくなる。では、高齢期を迎えると安心した生活を送ることはできない、ということであろうか。

問題は、高齢期の安心な生活をどのように確保しなければならないか、ということである。では、安心な生活とはなにか。それは単に経済的な安定のみを指すのではない。医療・介護などは公共性の高い領域であり、そのため、すべての人に受益されるよう確保されねばならない。では、それらをいったい誰が確保するのか。医療・介護はその領域の特性上、市場や家族よりも国家が担うべき比重が大きいと言えるだろう。これまでも実際に国家は、高齢者の安心な生活の確保を政策・制度によって行ってきた。

そうしたなか、近年、日本では高齢化の進展がみられるなかで、医療・介護に関わる政策・制度の改革が進んできている。以下、２０１３年から現在にいたる地域包括ケアの具体化に関わる政策動向を概観する。

1．医療・介護一体改革の動向

（1）社会保障制度改革国民会議（２０１３年）

まず重要となるのは、２０１３年に社会保障制度改革国民会議によって示された報告書（『社会保障制度改革国民会議報告書～確かな社会保障を招来世代に伝えるための道筋～』社会保障制度改革国民会議、２０１３年８月６日）である。同報告書では「医療・介護分野の改革」として、次のように改革の問題意識が述べられている。

「日本が直面している急速な高齢化の進展は、疾病構造の変化を通じて、必要とされる医療の内容に変化をもたらしてきた。平均寿命60歳代の社会で、主に青壮年期の患者を対象とした医療は、救命・延命、治癒、社会復帰を前提とした『病院完結型』の医療であった。しかしながら、平均寿命が男性でも80歳近くとなり、女性では86歳を超えている社会では、慢性疾患による受療が多く、複数の疾病を抱えるなどの特徴を持つ老齢期の患者が中心となる。そうした時代の医療は、病気と共存しながらＱＯＬ(Quality of Life)の維持・向上を目指す医療となる。すなわち、医療はかつての『病院完結型』から、患者の住み慣れた地域や自宅での生活のための医療、地域全体で治し、支える『地域完結型』の医療。実のところ医療と介護、さらには住まいや自立した生活の支援までもが切れ目なくつながる医療に変わらざるを得ない。」

現在進められている医療提供体制の改革は、「高齢化の進展により更に変化する医療ニーズと医療提供体制のミスマッチを解消する」（同報告書23頁）ことを目的としている。そのため、急性期医療への人的・物的資源の集中投入と、入院期間の縮減、早期の家庭復帰・社会復帰の促進、受け皿となる

図1　【入院】現在の一般病棟入院基本料等の病床数

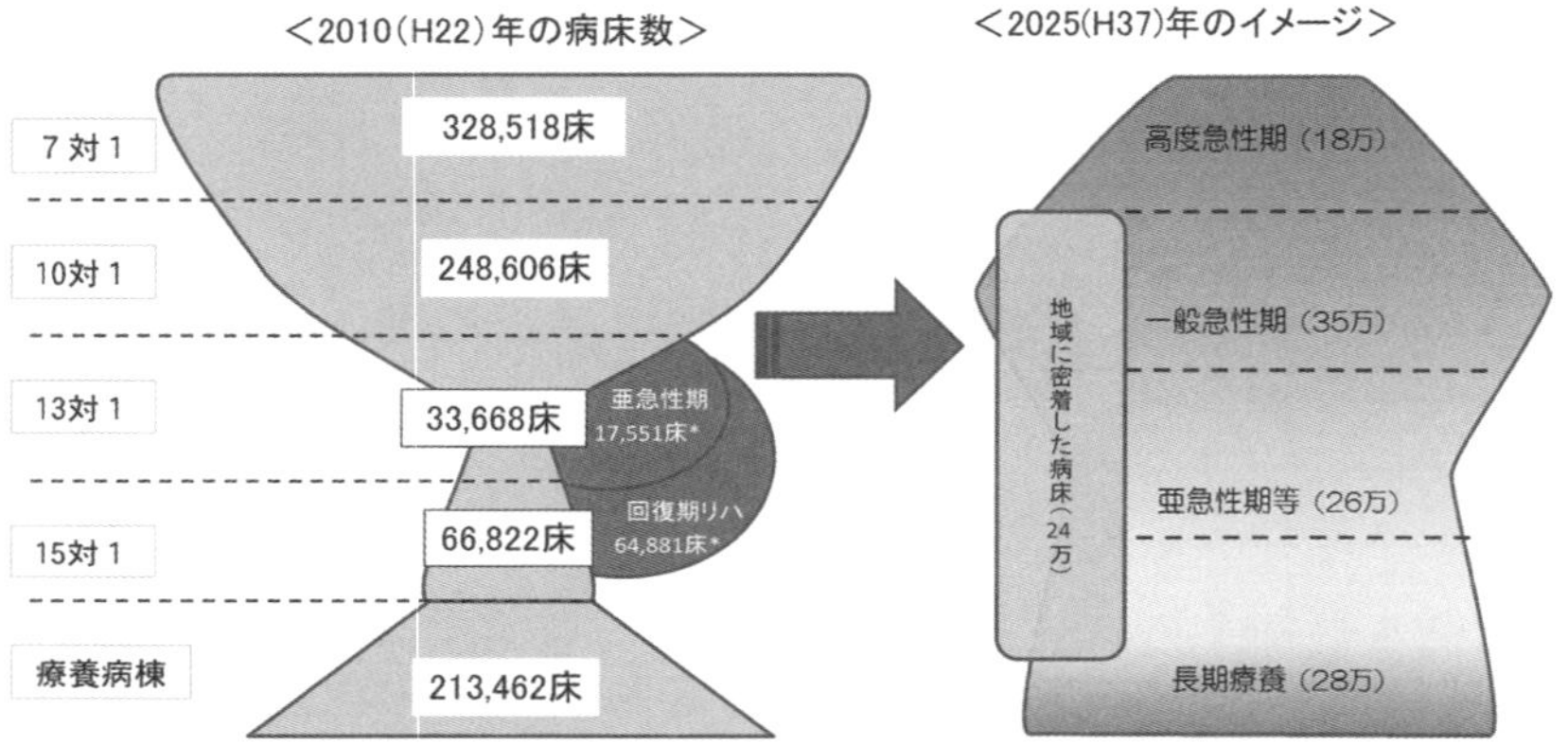

届出医療機関数でみると10対1入院基本料が最も多いが、病床数でみると7対1入院基本料が最も多く、2025年に向けた医療機能の再編の方向性とは形が異なっている。

出典：第6回社会保障制度改革国民会議（2013年）3月13日、配布資料「社会保障に係る費用の将来推計について」19項

地域の病床や在宅医療・在宅介護の充実を課題としている。

病床機能の再編に関わって示されるのが、**図1**である。基本的な認識は、7対1病床（患者7に対して看護婦1の病床）が過剰であるのに対し、必要とされる慢性疾患の患者を受け止める病床群が不足している、というものである。これを団塊の世代が75歳を迎える2025年までに見直していくことが目指されている。

キーワードは、「病院完結型から地域完結型の医療への転換」である。それらを実現するために、病床機能の見直しと、地域包括ケアシステムの構築＝「川上から川下までの提供者間のネットワーク化」（同報告書25頁）を実現すべく、医療制度改革と地域包括ケアの具体化に向けた諸改革が行われてきているのである[1)]。

（2）プログラム法（2013年12月）と「医療・介護総合確保推進法」（2014年6月）

「国民会議」の報告を受け、2013年12月5日「持続可能な社会保障制度の確立を図るための改革の推進に関する法律」（以下、プログラム法）が成立。プログラム法を受け、2014年には「地域における医療及び介護の総合的な確保を推進するための関係法律の整備等に関する法律」（医療・介護総合確保推進法）が成立した。これにより、「病床機能報告制度」[2]の創設、「地域医療構想」[3]の策定が示された。

（3）2014年度診療報酬改定

「国民会議」の議論は、2014年度診療報酬の改定内容を基礎づけた。同年度診療報酬改定においては、7対1病床の入院医療に関して「在宅復帰の促進」に向けた仕組みが配置された。例えば、高度急性期・急性期の病院に対する「自宅等退院患者割合」の導入（7対1の自宅等退院患者割合を75％以上）、地域包括ケア病床・回復期等の病院における「在宅復帰率」の導入（地域包括ケア病棟1：7割以上、地域包括ケア病棟2：6割以上）、長期療養型の病院に対する「在宅復帰率に係る加算の評価」の導入（在宅復帰率50％以上に対する評価）等である（平成26年度診療報酬改定の概要、10頁参照）。

なお、介護保険制度においても、介護老人保健施設における「在宅復帰率」が導入されている（在宅復帰支援強化型の老健は5割、加算型は3割で加算がつくこととなっている）。

以上のような流れで病院・介護老人保健施設において「在宅復帰」促進が図られてきている。

（4）医療保険改革関連法（2015年5月）

2015年3月「持続可能な医療保険制度を構築するための国民健康保険法等の一部を改正する法律案（医療保険制度改革関連法案）」を経て、同年5月に「持続可能な医療保険制度を構築するための国民健康保険法等の一部を改正する法律（医療保険改革関連法）が生まれた。これは、国民健康保険の保険者を市町村から都道府県に移行することを示した。

2.「地域包括ケア」の提起

こうした地域医療構想と「両輪」の関係として位置づけられているのが「地域包括ケア」である。しかし、「地域包括ケア」に関する実践は現在の改革にいたる以前からみられてきた。まずは、地域包括ケアの意味内容について確認しておきたい。

（1）地域包括ケアとはなにか

二木立氏によれば、地域包括ケアには二つの流れがあると整理されている。一つは、1970年代の広島県みつぎ病院において展開された実践であり、「地域包括ケアシステム」という用語そのものも、ここでの取り組みが初出であるとされる。もう一つが「福祉系」の流れであり、社会福祉法人などによる地域福祉の推進がそれである。しかし、内容はさまざまであり各地で自主的に取り組まれてきたものであるとされる（『地域包括ケアと地域医療連携』二木立、勁草書房、2015年）。

法・行政上の用語として初めて用いられたのが、2003年の『2015年の高齢者介護』（高

図２　「在宅復帰の促進」に向けた診療報酬の改定内容

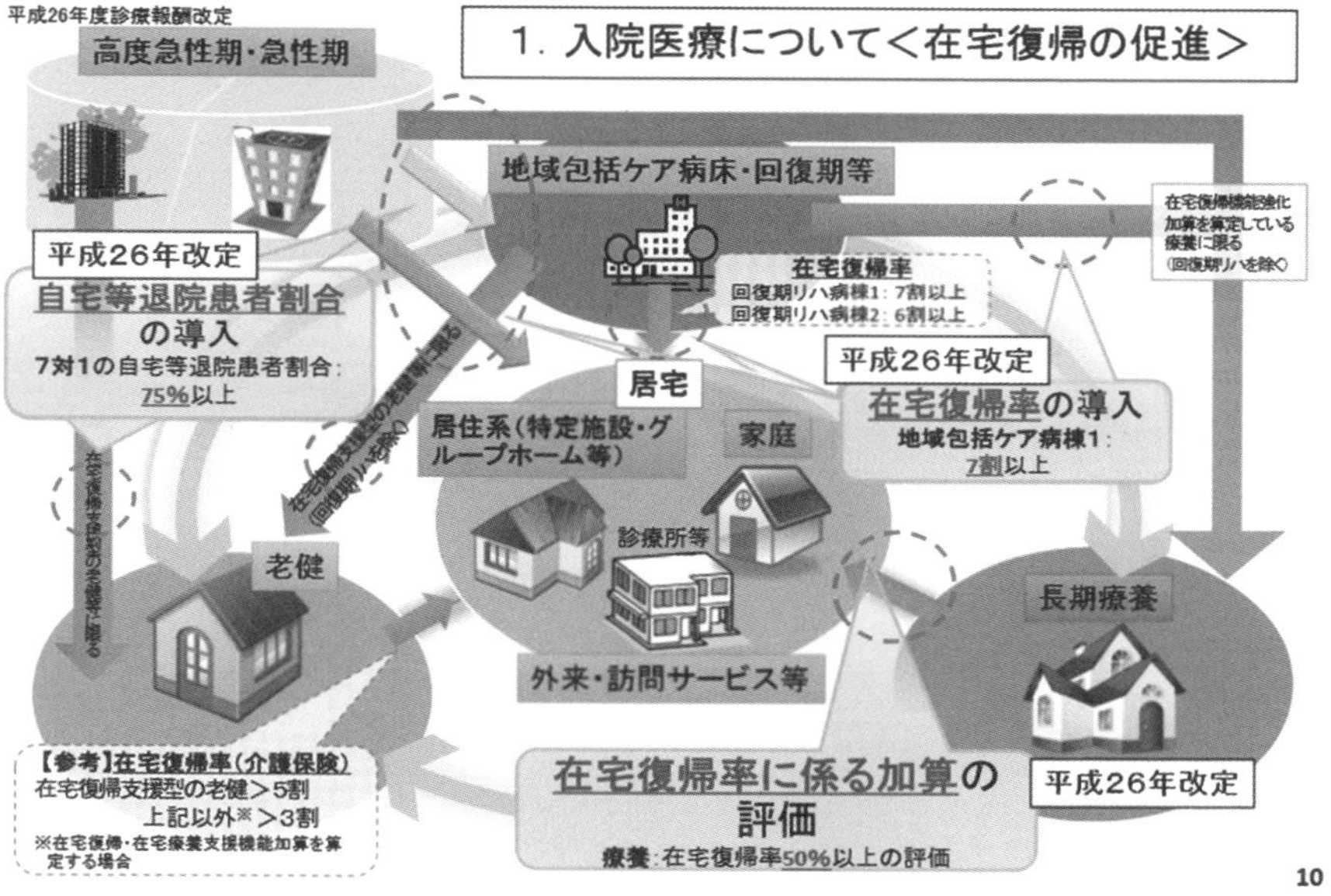

出典：厚生労働省資料より。

齢者介護研究会）であるが、用語の意味内容については、２００３年から２０１４年まで「変化・拡大・『進化』または試行錯誤」（同書４頁）し続けている。そのうち、広く知られたのが地域包括ケア研究会報告書『地域包括ケア研究会報告書～今後の検討のための論点整理』（２０１０年３月）において示された、以下の定義である。

〝ニーズに応じた住宅が提供されることを基本とした上で、生活上の安全・安心・健康を確保するために、医療や介護、予防のみならず福祉サービスを含めた様々な生活支援サービスが日常生活の場（日常生活圏域）で適切に提供できるような地域での体制。〟

ここでいう「地域包括ケア圏域」とは、「おおむね30分以内に駆けつけられる圏域」を理想的な圏域として定義しており、具体的には人口1万人程度の中学校区を基本とすることとしている。

また、先に取り上げた２０１３年の「プログラム法」第４条４において、以下のように法的定義が示された。

〝地域の実情に応じて、高齢者が、可能な限り、住み慣れた地域でその有する能力に応じ自立した日常生活を営むことができるよう、医療、介護、介護予防（要介護状態若しくは要介護状態となることの予防又は要介護状態若しくは要介護状態の軽減若しくは悪化の予防をいう。次条において同じ）、住まい及び自立した日常生活の支援が包括的に確保される体制。〟

地域包括ケアで基本的に目指されているものは、私たちがどのような状態になっても住み慣れた地域／在宅で、尊厳が保たれた生活を保障していくことである。そのために個々人の意識や取り組みを踏まえつつ、介護に加えて医療や福祉（生活支援・介護予防）、そして住宅などへの支援が地域（日常生活圏域）を基盤に展開される体制を構築していくことが求められているのである。

（2）「地域包括ケア」の実現に向けた改革の経過

「地域包括ケア」を実現していくための仕組みについては、介護保険制度改訂の中でも順次進められてきた。２００５年の改正では、介護予防や地域密着型サービスが創設され、「地域包括ケア体制」

を推進する地域の中核機関として「地域包括支援センター」が設置された。また、地域包括ケアの推進と重要な関わりをもつケアマネジメントについても見直しが行われた。

２０１１年の改訂では、「地域包括ケアシステム」の構築に向けた取り組みの推進が規定され、重度の医療・介護を要する場合も在宅生活を支えていくための仕組みとして定期巡回・随時対応型訪問介護看護が創設されるとともに、小規模多機能型居宅介護と訪問看護等の複数の居宅サービスや地域密着型サービスを組み合わせて提供する看護小規模多機能型居宅介護が創設された。

その他、２０１１年には「高齢者住まい法」が改訂され、高齢者向け住宅が「サービス付き高齢者向け住宅」（サ高住）という名称に統一され、住宅と日常生活支援を保障していくための仕組みづくりが行われている。

（３）各地の「協議」を通じて具体化する地域医療構想と地域包括ケア

以上の流れで提起されてきた「地域包括ケア」が、２０１３年の社会保障制度改革国民会議において、「両輪」として位置づけられた。

その実現に際しては、国民会議のメンバーである権丈善一氏が次のように述べている。「現在の政策は、地域包括ケアと地域医療構想という両輪で進められています。この両輪で進められている政策が今までと根本的に違うのは、政策の細部まで中央（国）で決めるわけではないということです。中央はある程度の方針を出して、そこから先は地域の当事者たちが、客観的なデータに基づき『協議の場』[4)]でしっかりと協議して、ご当地の体制を決めてもらいたいということです」（『ちょっと気になる医

図３　地域包括ケアのイメージ

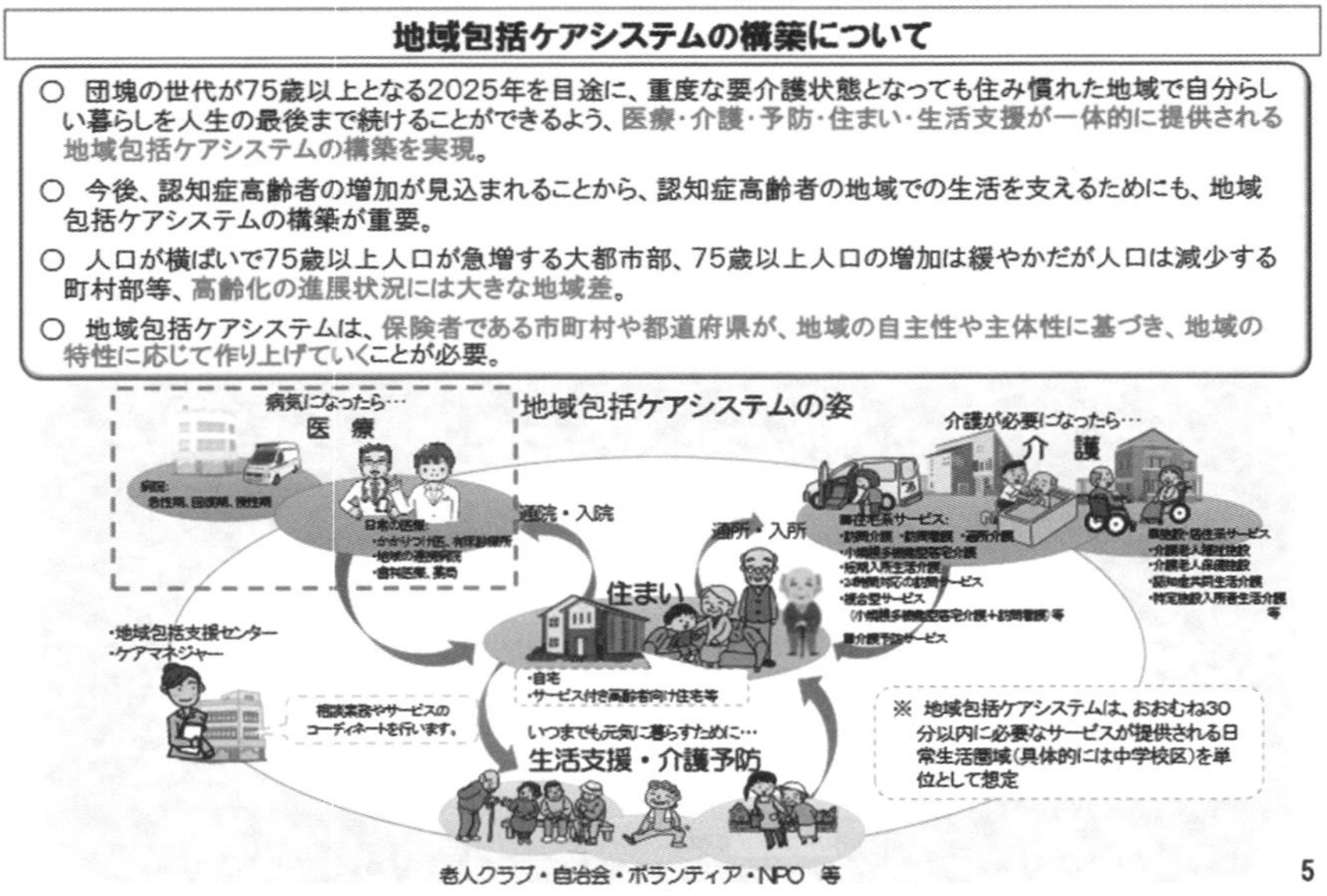

出典：厚生労働省資料より。

療と介護』権丈善一、勁草書房、２０１７年、71頁）と。[5)]

３.「地域包括ケア」の問題点と課題

これまで、地域包括ケアの２０１３年からの時系列的展開を概観してきた。では実際、現場では何か不都合が生じているのか。「病院完結型」から「地域完結型」に移行するにあたって、医療・介護における問題に目を向けてみよう。

（１）介護のパターン

高齢になればなるほど、疾病やケガのリスクは自然と高まる。厚生労働省がおこなう『平成28年国民生活基礎調査』では、「介護が必要となった主な原因」をみると、要支援者では関節疾患（17・2％）、脳血管疾患（16・6％）、高齢による衰弱（13・3％）があげられている。要介護者では、認知症（24・8％）、脳血管疾患（18・4％）、高齢による衰弱（12・1％）となっている。これらの原因で挙げられた状態像への対応の多くは、病院を経由している。そこには大別して二通りのパターンが存在する。①病院へ通院あるいは入院し退院を経て在宅へ復帰するか、あるいは退院後、②介護付き有料老人ホーム（以下、老人ホーム）や介護老人保健施設（以下、老健）、特別養護老人ホームなどの老人施設へと入所する場合である。

では、「パターン①」と「パターン②」に共通した医療現場で起きていることをまずみてみよう。

現在、医療機関では、退院までの日数を短縮する方向で運営が行われている。例えば、厚生労働省がおこなっている『医療施設動態調査』によれば、２００８年から２０１５年にかけて平均在院日数は４・７日短くなり、病床利用率は２・２％下がった。特に２０１３年からの平均在院日数、病床利用率ともに下げ幅は大きく感じる。患者の入院期間が短くなり、結果的に病床利用率も低下したということが考えられる。

これらの値の減少は何を意味しているのだろうか。政策効果の推定は複雑で、どの政策の影響によってこのような状態になっているのかは一概には断定できない。また、医療技術の進歩による効果も看過できない。**図4**は、そういった〝ノイズ〟を排除していないため、解釈には一定の留意が必要である。しかし、退院するまでの期間が２０１０年以降、急速に減じているということは事実である。

入院期間が短くなる理由として入院加算の改定があげられる。医療現場においては、入院加算の改定により長期入院になれば点数が加算されない。くわえて、1節でもふれたように、「在宅復帰率に関る加算」も評価されるようになった。このため、より効率的に退院から在宅復帰を計画しなけ

図４　平均在院日数と病床利用率の推移

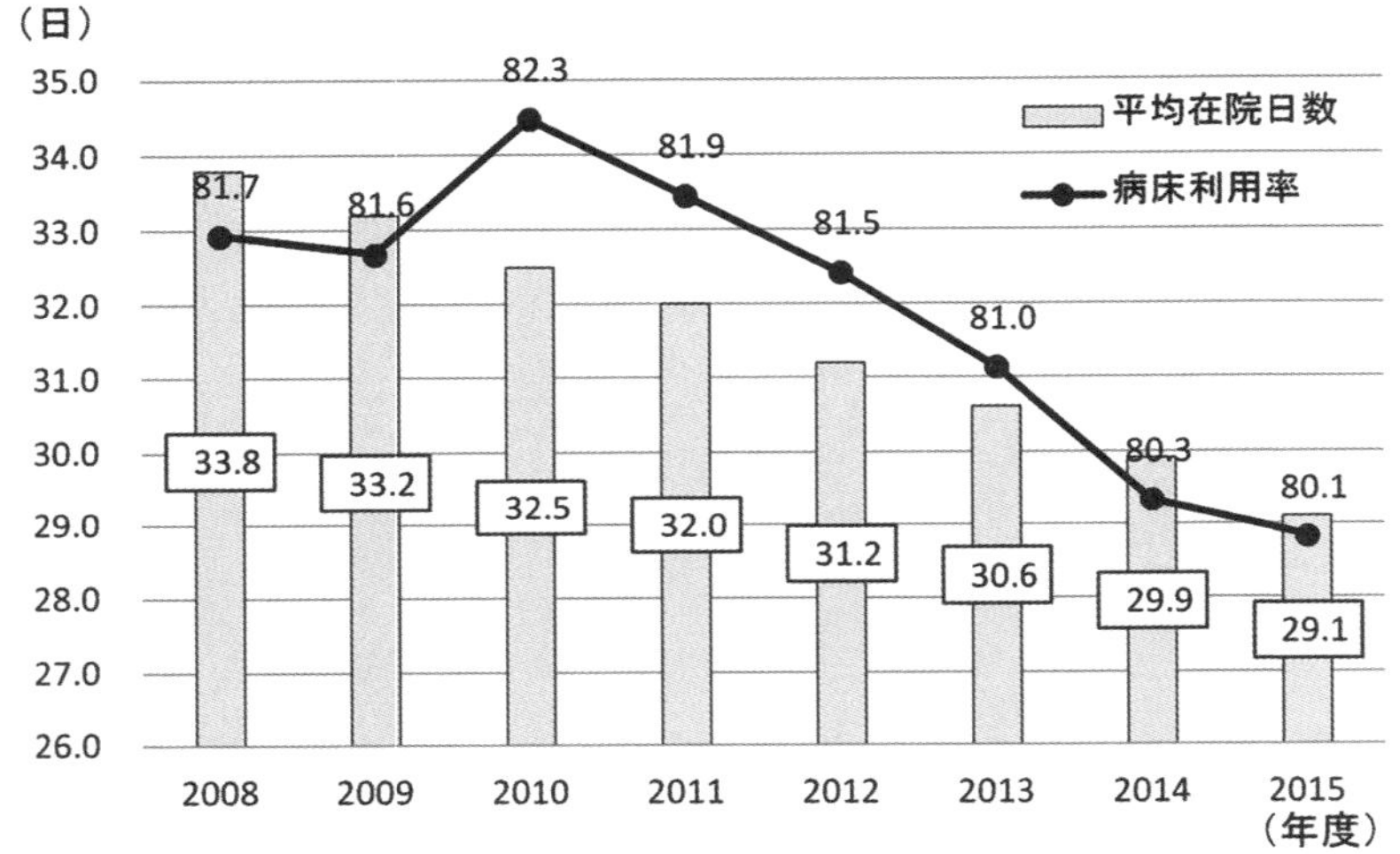

病床利用率は、月間の在院患者延数の年間合計数を分子においている。そのため、患者の入院期間が短くなるほど、病床利用率も連動して低下する。出所：厚生労働省『医療施設動態調査』より作成。注：r=.84,p<0.01平均在院日数、病床利用率ともに、精神病床、感染症病床、結核病床、一般病床、療養病床、介護療養病床を含んでいる。

ればならなくなったのである。

では、いったいどのくらいの患者が在宅復帰を果たしたのであろうか。『平成28年度入院医療などの調査（患者票）』をみると、一般病棟入棟患者の、自宅へ退院する68・9％であった。そのうち、在宅医療の提供有りが5％、在宅医療の提供無しが63・9％であった。また、地域包括ケア病棟の退院先をみると、自宅への退院が62・3％で、そのうち、在宅医療の提供有りが7・3％、在宅医療の提供無しが55％となる。かなりの割合で自宅へ復帰していることがうかがえる。ただし、この数値は全年齢を対象にしており、高齢者のみに限った値ではないことに留意されたい。

また、自宅に帰ったもののひとりでは到底生活できない、家族の支えがいる状態ということも考えられる。在宅復帰率がそのまま「安心してその人らしい生活を継続できる」と考えるのは、直線的な理解でしかない。〝川上から川下へ〟ただ流れに身を任せるだけになっている高齢者は、確実に存在する。退院後の在宅ケアの実際は、家族への負担が相当に存在している。

①「パターン①」の場合

では、「パターン①」の在宅介護となった場合は、どのような問題が考えられるのか。まず、在宅介護の主たる担い手は、家族が想定される。たとえば、『平成28年国民生活基礎調査』においては、主な介護者は、「親族」（同居＋別居の家族など）が、70・9％、「事業者」は13・0％である。同居の場合、主たる介護の担い手は、「配偶者」が25・2％で、「子」21・8％、「子の配偶者」9・7％となる。くわえて、介護時間の割合は、介護度が上がるにつれて「ほとんど終日」と答える割合は高くなる。すなわち在宅介護は、主に同居親族がおこない、介護度が上がるにつれ終日介護が必要となる、ということである。経済面でみれば、介護費用は介護保険制度である程度補うことができるが、それでも2割負担である。仮に上限を超えて、介護サービスを利用する場合は実費負担となる。介護の担い手は、「配偶者」が最も高い割合であることを考慮すると、主たる資金は国民年金と貯蓄と推察できる。その場合、納得のできる介護サービスを受けることができるのであろうか。

また、介護の担い手の2番目には、「子」の割合が高い。終日の介護をおこなう場合、仕事をしていては介護ができない。そのため、現在の雇用形態から離れなければならない。つまり、「介護離職」である。加えて、現在の家族形態は、夫婦共働きが1077万世帯、男性雇用者と無業の妻が

720万世帯となっている（内閣府『男女共同参画白書平成27年版』）。このことを鑑みれば、在宅介護をおこなう時間的・経済的余裕はほとんどない、と言っても言い過ぎではない。このような介護離職の状況は、二木氏（前掲）が指摘するように、「現在年間10万人に上っている『介護離職』が増加し、それによりすでに生じている現役労働者の減少に拍車がかかる危険があり」、「『アベノミクス』の第3の柱である『成長戦略』の重大な障害」になる。そのため、地域包括ケアは現行の政策とも大きく矛盾する結果を生み出すことにつながる。

在宅介護はできないという場合、「パターン②」の老人施設を活用することになる。次に、老人ホームや老健の現状を見てみよう。

②「パターン②」の場合

本来、介護や医療は、すべての人が平等に利用できなければならないハズである。なぜなら、生命や健康は経済的価値への換算が不可能なためである。だが、現実の社会はそうはなっていない。快適な介護・医療を受けるのは、カネ次第の側面がある。介護付き有料老人ホームに入居する場合、費用はどれくらい必要になるのか。全国の介護付き有料老人ホーム（5年入居時）の平均月額利用料は27万6800円である（『続・下流老人』藤田孝典、2017、朝日新書）。年金のみの高齢配偶者にこの金額は、到底捻出できない。

では、老健はどうであろうか。老健は、12万円前後で利用できる。老人ホームにくらべ経済的負担が比較的少ない。老健では、医師による巡回、看護や介護のケアなどから日常的なサービスまで受けられる。病院から退院をせまられ、介護付き有料老人ホームに入れない多くの人が利用している。一方で、老健は、短期滞在施設という性格も有している。つまり、自宅復帰を目指すことを目的とした施設である。そのため老健では、原則3カ月滞在である。3カ月後には違う老健へと移っていくケースが多くあり、安定した療養が見込めない。

（2）介護難民の発生

これまで、二つのパターンにおける〝川上から川下〟への移動に即して、問題点をみてきた。これらに言えることとは、経済的負担がとても大きく、その負担が家族や親族にのしかかるということである。これは、在宅介護であろうが、介護施設であろうが同様である。さらに地域包括ケアの方針は、現在の家庭的状況を考慮していない。つまり、主たる家族形態は、核家族化が浸透し大家族は少ない。また、就労形態は夫婦共働きが標準的となりつつあり、男性雇用と妻は無業という世帯は減少傾向である。このような状況にあって、川下では受け止め切れなくなるのは必然であろう。加えて老老介護も体力的・年齢的・経済的にも限界がある。

2025年には、病床数が約43万床が足りないと試算されており（『東京圏高齢化危機回避戦略記者会見資料』日本創生会議、2015）、多くの方が介護サービスを受けられない状況になることは、本章1節でも見てきた。いわゆる「介護難民」である。2015年の介護保険法の改定により、要介護3以上でなければ特別養護老人ホームに入所できず、経営収支がとれなくなり潰れている特別養護老人ホームも存在する。また、小泉構造改革以降、これまで社会保障費の自然増が一転、減算がおこなわれ、現在でも抑制が続いている。その中で、川上から川下への流れの速さをあげることは、いかにも医療や介護から公助の撤退と、代替としての互助・自助の強化と見えてしまう。

このように、地域包括ケアによる「病院完結型」から「地域完結型」への移行については、理念は素晴らしいが、実態がともなっていないといわざるを得ない。また、実社会の状況を反映した医療と介護にしなければ、制度そのものが破綻してしまいかねないのではないだろうか。

（3）社会保障財源抑制の動き

二木氏は、「骨太方針2015」において、今後5年間の社会保障関係費（国庫負担分）の自然増削減の「目安」が1・9兆円とされ、「医療危機・医療荒廃をもたらしたとして悪名高い『骨太の方針2006』の5年間の削減目標1・1兆円よりも、7割も多い。しかも、『社会保障給付費』総額（社会保険料と国・自治体負担の合計）のうち、国庫負担が3割（2015年度予算では29・1％）であることを踏まえると、国庫負担1・9兆円の削減は、社会保障給付費ベースではその約3倍の約6・3兆円もの削減をもたらすのです」と論じ、「地域包括ケアシステムを構築する」ことを謳う「骨太方針2015」によって、必要な公的費用の圧迫・圧縮がなされる危険性を指摘している（『地域包括ケアと福祉改革』二木立、勁草書房、2017、97頁・98頁）。

4．本書の問題意識と構成

今、我々には「地域ケアシステム」そのものへの批判ではなくその内実をどう構築していくか、が求められている。「地域包括ケアシステム」が財政抑制につながりうる側面に注意しつつ、ケアの形とそれを支える財政政策が真に国民の求めに応じたものになっているか、たえず問い直していくことが求められる。

第1章では、実際に介護が必要となった〝おじいちゃん〟の変遷をめぐりながら、医療・介護の実態を捉える。第2章では、病院・老人保健施設へアンケート調査をおこなった結果を分析している。特に、「自由記述の分析」（50頁から）からは、医療現場で今何が起こっているのか、何が問題となっているのかが俯瞰できる。第3章では地域包括ケアと医療を真正面からとらえ、何が問題なのか議論している。第4章からは、医療ソーシャルワーカーや医師など多様な現場の方からみた、地域包括ケアを報告していただいた。

各章、それぞれ地域包括ケアの分析・実態把握に執筆者らなりに真剣に取り組んだ。地域包括ケアの理解が促され、議論が活発になれば筆者らの目的は半ば達成されたといってよいのではないだろうか。

今後ますます議論が活発になり、民主的な社会保障が到来することを祈って。

1）川上から川下までの提供者間のネットワーク化
社会保障制度改革国民会議報告書には、次のように示されている。
『病院完結型』の医療から『地域完結型』の医療への転換が成功すると、これまで1つの病院に居続けることのできた患者は、病状に見合った医療施設、介護施設、さらには在宅へと移動を求められることになる。居場所の移動を伴いながら利用者のＱＯＬを維持し家族の不安を緩和していくためには、提供側が移動先への紹介を準備するシステムの確立が求められる。

ゆえに、高度急性期から在宅介護までの一連の〝流れ〟、容態急変時に逆流することさえある〝流れ〟において、川上に位置する病床の機能分化という政策の展開は、退院患者の受入れ体制の整備という川下の政策と同時に行われるべきものであり、川上から川下までの提供者間のネットワーク化は新しい医療・介護制度の下では必要不可欠となる。」

2）病床機能報告制度

病床機能報告制度とは、各医療機関に医療体制機能を都道府県に報告させようとする制度。上記の医療・介護総合確保推進法の成立により改定された医療法に規定された。各都道府県が地域の医療構想を展開する際に、現存する医療機能を把握し医療の供給をコントロールしようという意図がある。

3）地域医療構想

団塊の世代が概ね75歳を迎える２０２５年の医療・介護需要を見越して、「医療の機能に見合った資源の効果的かつ効率的な配置を促し、急性期から回復期、慢性期まで（中略）より良質な医療サービスを受けられる体制を作ることが必要」として、都道府県に地域の実情に応じて、将来、医療体制機能（「高度急性期機能」「急性期機能」「回復期機能」「慢性期機能」の四つの機能）ごとに必要な病床数や医療従事者数を推計し、「効果的かつ効率的」に供給するための医療体制計画を立案させようとするものである。厚生労働省は、例えば75歳以上人口の増加は２０３０年をピークに減少に転じ、さらに高齢者人口には大きな地域差があると認識している。つまり「効果的かつ効率的」な医療の供給として地域医療構想が目指すものは、医療の供給に対する国家責任の放棄と供給量の削減である。この地域医療構想は、２０１５年「高齢者の医療の確保に関する法律の一部改正」によって見直された「都道府県医療適正化計画」と、医療体制計画立案の段階で整合性を確保させている。

4）地域医療構想を推進する『協議の場』

都道府県単位に、「都道府県医療審議会」「地域医療対策協議会」がある。「都道府県医療審議会」は医療専門職、市町村、保険者の代表や学識経験者が構成委員となり都道府県とともに地域医療計画の一部を構想する。二次医療圏単位の会議では、必要ごとに開催される「圏域連携会議」と、その「圏域連携会議」での協議内容を活用し当該地域の病院や診療所が、担うべき病床機能や都道府県計画にある事業の具体的方策、その他地域医療構想の達成に向けた協議を行う「地域医療構想調整会議」がある。

二次医療圏とは、地理的条件や一般生活における医療需要、交通事情等を考慮して設定した一般診療・入院等の医療を提供に関する計画・推進・見直しを行うエリアのことである。各都道府県内に数カ所の二次医療圏とよばれるエリアを設定している。

5)『社会保障制度改革国民会議報告書では、「地域包括ケアのシステム」のあるべき形として次のように主張している。

「医療から介護へ」「病院・施設から地域・在宅へ」という流れを本気で進めようとすれば、医療の見直しと介護の見直しは、文字どおり一体となって行わなければならない。高度急性期から在宅介護までの一連の流れにおいて、川上に位置する病床の機能分化という政策の展開は、退院患者の受入れ体制の整備という川下の政策と同時に行われるべきものであり、また、川下に位置する在宅ケアの普及という政策の展開は、急性増悪時に必須となる短期的な入院病床の確保という川上の政策と同時に行われるべきものである（同書28頁）。

この「地域包括ケアシステム」は、介護保険制度の枠内では完結しない。例えば、介護ニーズと医療ニーズを併せ持つ高齢者を地域で確実に支えていくためには、訪問診療、訪問口腔ケア、訪問看護、訪問リハビリテーション、訪問薬剤指導などの在宅医療が不可欠である。自宅だけでなく、高齢者住宅に居ても、グループホームや介護施設その他どこに暮らしていても必要な医療が確実に提供されるようにしなければならず、かかりつけ医の役割が改めて重要となる。そして、医療・介護サービスが地域の中で一体的に提供されるようにするためには、医療・介護のネットワーク化が必要であり、より具体的に言えば、医療・介護サービスの提供者間、提供者と行政間などさまざまな関係者間で生じる連携を誰がどのようにマネージメントしていくかということが重要となる（同書29頁）。

第1章　必要な医療や介護を本人の願いに寄り添って受けられる仕組みに　～要介護者の立場から～

雨田信幸

はじめに

紹介をしていただきました雨田です。

普段は、「きょうされん大阪支部」事務局長として、障害福祉に関わる運動に携わっています。今日は、要介護者のいる家族の立場から、自分の父親（「おじいちゃん」）のことを話したいと思います。

図５　元気だった時の最後の写真

最初の写真は、おじいちゃんと後で話してもらう母親（「おばあちゃん」）とのツーショット写真です。撮影場所は倒れる2週間ほどまえの自宅。「戦争法は通ったけどこれからもがんばらないとあかんな」と恥ずかしそうに笑っている元気だった時に撮った最後の1枚の写真です。生年月日は、昭和16年12月23日生まれ、74歳（現在75歳）です。

次に家族構成を紹介します。3世代6人家族（父・母、私、長女〈19歳・専門学校生〉、長男〈17歳・高校2年生〉、次女〈中学2年生〉）です。ずっと借家住まいだったのですが、孫たちも大きくなって手狭になってきたため、おじいちゃんの提案もあって、中古で買った家に今は住んでいます。おじいちゃんが現在の自宅で暮らしたのは、２０１５年４月に引越しをしてからちょうど半年間ほどでした。

収入状況は、おじいちゃん（厚生年金）おばあちゃん（国民年金）合わせて1カ月21万円ほどの年金です。私は、給与所得４２０万円です。現在、おじいちゃんは自宅近くの老人保健施設に入所中で、年金の範囲で何とかやれていますが今後どうなるかはわかりません。また、子どもたちもこれからお金がかかる年齢になっていくので、不安がとても大きいというのが正直な気持ちです。

さて介護に至る経過について、はじめは「急性期病院」に入院した時の状況を話します。

１．階段から転落、骨折と脳出血

２０１５年10月８日午後1時過ぎに自宅で階段から転落しました。その日は、シルバー人材センターで斡旋してもらった週3回のスーパーの買い物かご整理の仕事もなく、自宅でゆっくり過ごしていました。前日に痛かった足も治って、「よかったわ」と朝から何度も話していました。

お昼を食べてから一度2階にある寝室に行き、再び

図６　搬送された総合医療センターのベッドで

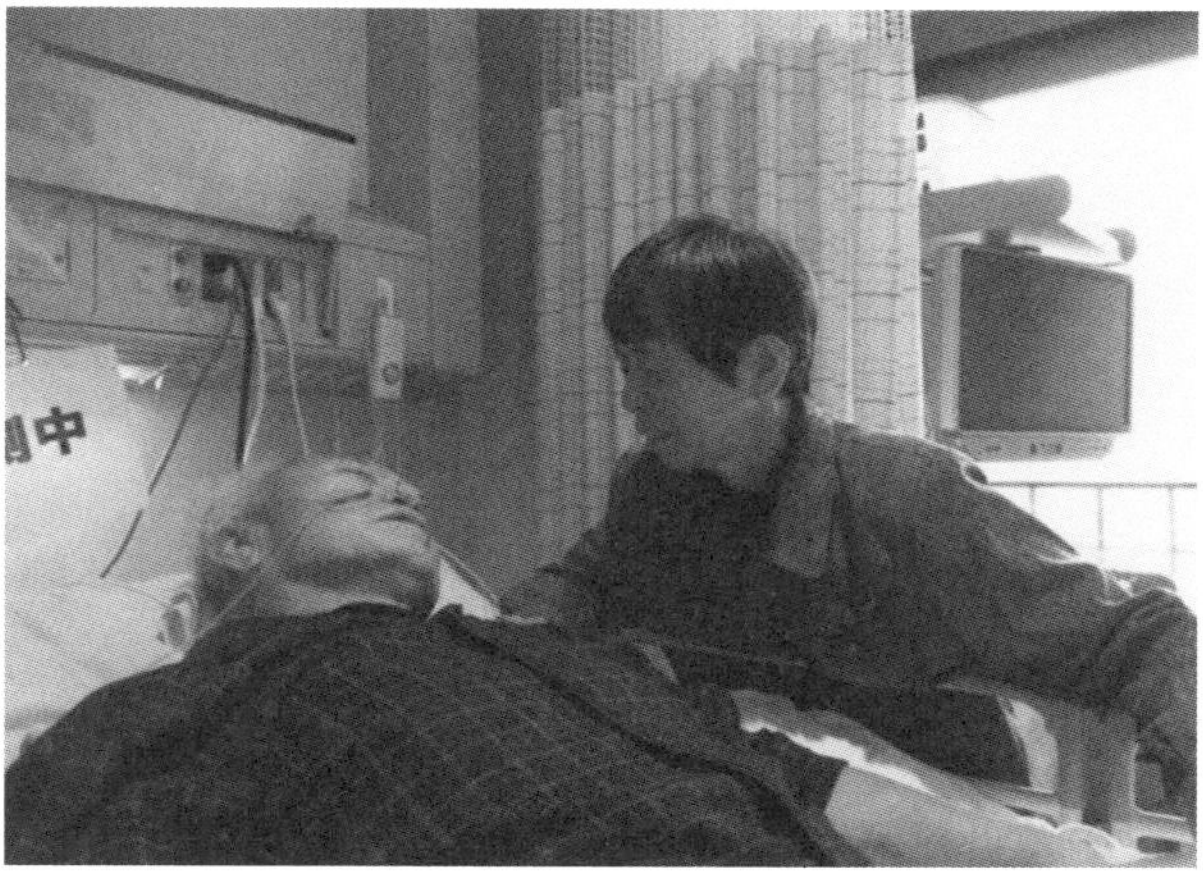

1階に下りていた途中だったようです。おばあちゃんは台所にいて、大きな音に驚いたそうです。駆け寄って「大丈夫か」というと、「びっくりしたわ」とはじめに話したと言います。すぐに救急車を呼び、定期通院していた日赤病院へ搬送してもらいました。左大腿骨骨折と先に診断され、その後脳出血と診断されました。治療が難しいとのことで大阪市都島区にある総合医療センターへ再搬送されました。僕が病院に駆け付けることができたのは午後6時前、整形・脳外科のドクターからすぐに説明を受けました。右マヒと言語障害が残るであろうこと、大腿骨にはプレートを挿入する手術を受けること、両足が動かしにくくなるので歩くことは難しいだろうと言われました。

ドクターの説明を聞きながら、「落ち着け、落ち着け」と自分に言い聞かせていました「大変なことになった」とは、病院に駆け付けた僕におばちゃんが最初に言った言葉です。2人ともそうですが、もちろんこんなことになるとは思っていなかったわけですし、漠然とですが同じような生活はできないことが頭に浮かび、治療や介護・生活に対する不安を強く持ったことを覚えています。

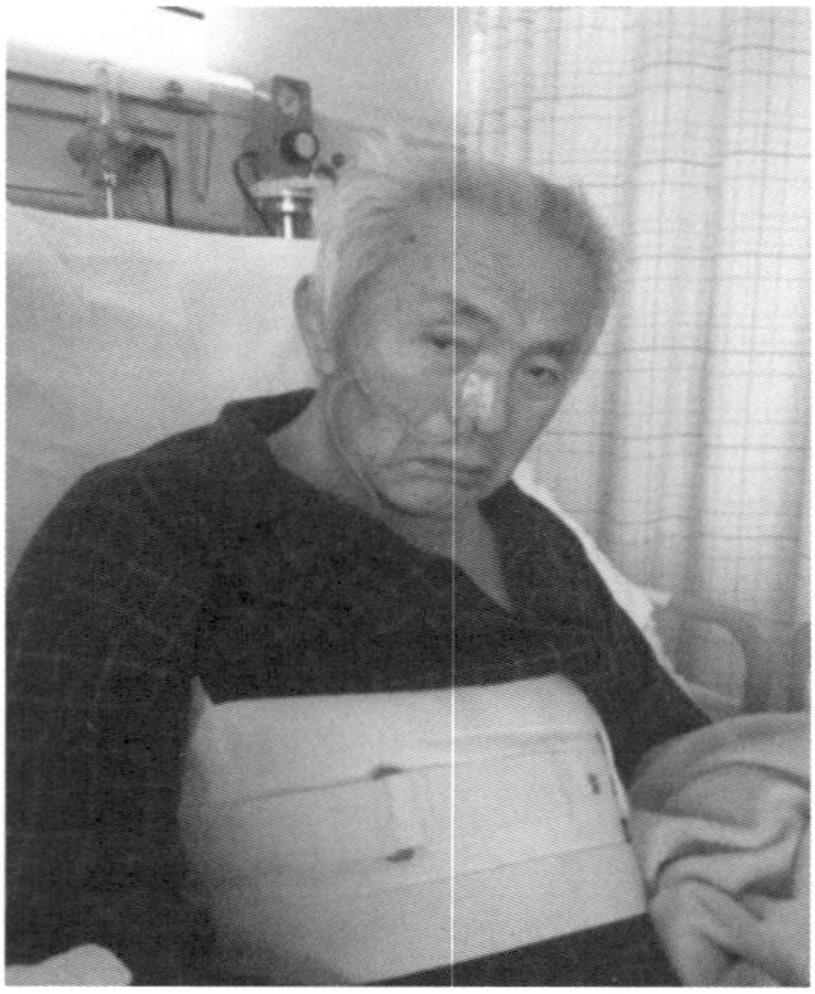

図7　ベッドで身体を起こせるようになって

手術は成功し、頭の出血も想定よりも広がることはありませんでした。当初から「家に連れて帰りたい」と思っていましたし、おじいちゃんももちろん同じ願いで、医師からも「できるだけ早めにリハビリ始めましょう」と言われていました。しかし、12回ほど入院したことがあるというおじいちゃんの既往歴の多さもあってか、身体的状況が中々落ち着かないまま時間が流れていきました。

2. 回復期リハビリ病院で

そうこうしているうちに、「脳出血の場合、回復期リハビリ病院への転院は2カ月以内」という期限が迫りました。仕事柄リハビリの実績のある病院は知っていたので医療ソーシャルワーカーに希望も伝えましたが、年齢と在宅復帰が難しいと評価され受け入れられませんでした。結局、十分に検討できないまま、できるだけ自宅近くという条件をだし、探してもらった回復期リハビリ病院にギリギリで受け入れが決まりました。その時に、「どうして2カ月と決められているのか」「おじいちゃんにとってよかったのか」との思いが強く残りました。

図８　回復期病院でのリハビリ

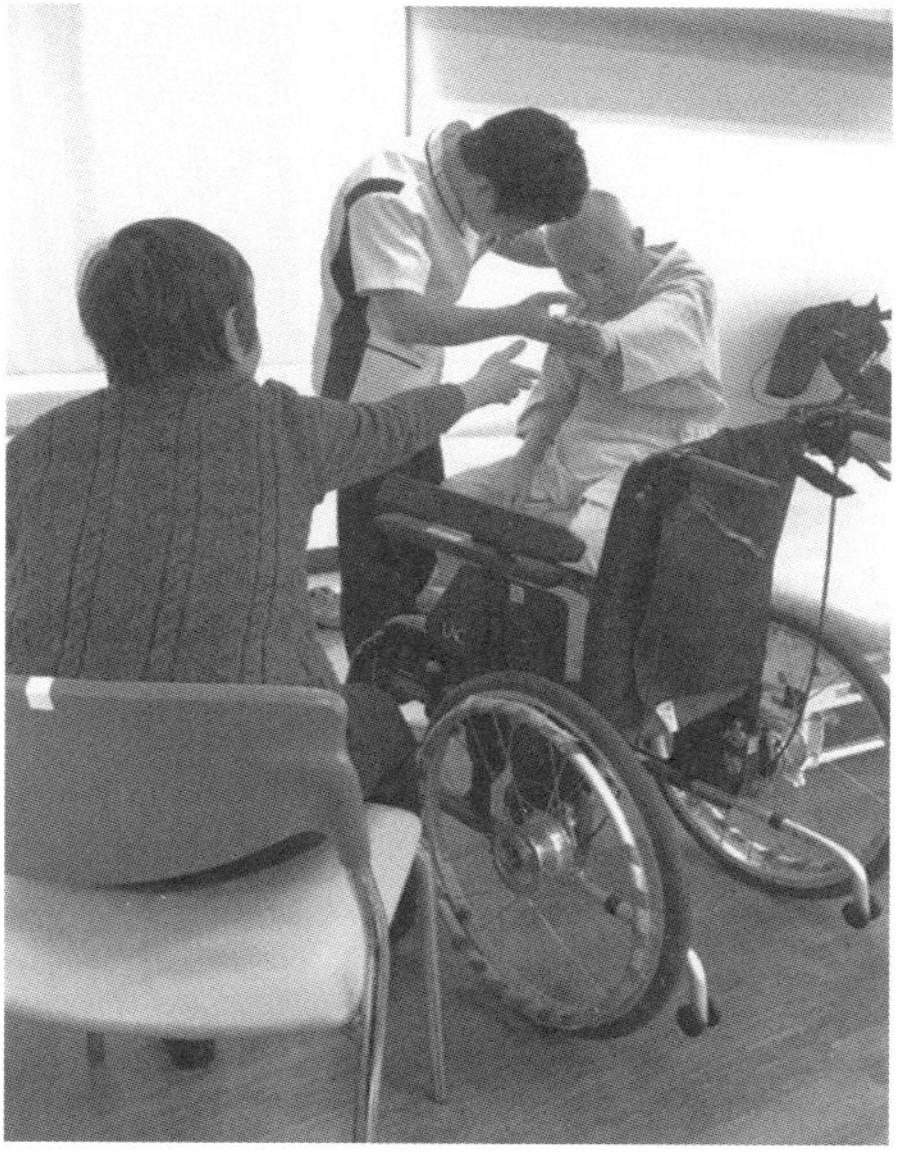

　移った回復期リハビリ病院は、自宅から車で約10分の距離にありました。

　主治医は初めから、在宅は「無理」との考えだったのですが、私たちは「ベッドから車いすの移乗が出来る」「1人でトイレに行くことができる」ことが、在宅に戻るために必要なことだと考えていました。「頑張ってリハビリをやろうな」との声かけに、おじいちゃんも大きくうなずいていました。

それから1日3回のリハビリです。当初は体をほぐすようなことから始まり、床に足をつけて体重をかける、ベッド枠につかまって座位を取ってみる、車イスに座り動く左足を使って前進する等、徐々に取り組んでいきました。音楽療法士や言語聴覚士から発声に係る訓練も受けました。思うように動かせずにイライラしたり、逆にこわくなったりしながら、家に帰れるだろうかとの不安を持ちつつおじいちゃんは懸命に頑張っていました。

そうした結果、座位が取れるようになりました。しかし、その時点で入院から5カ月が経ちました。脳出血による回復期リハビリの入院は最長5カ月となっており、仮に入院を継続してもリハビリの回数が激減すること、同時期におばあちゃんの右膝人工関節手術を控えていたこともあり、希望していた在宅ではなく「老健入所」となりました。入所前に数カ所見に行き、自宅から一番近い距離のところにしました。

「まだ家に帰ること難しいな」という

図９　ベッドで座位がとれるようになる

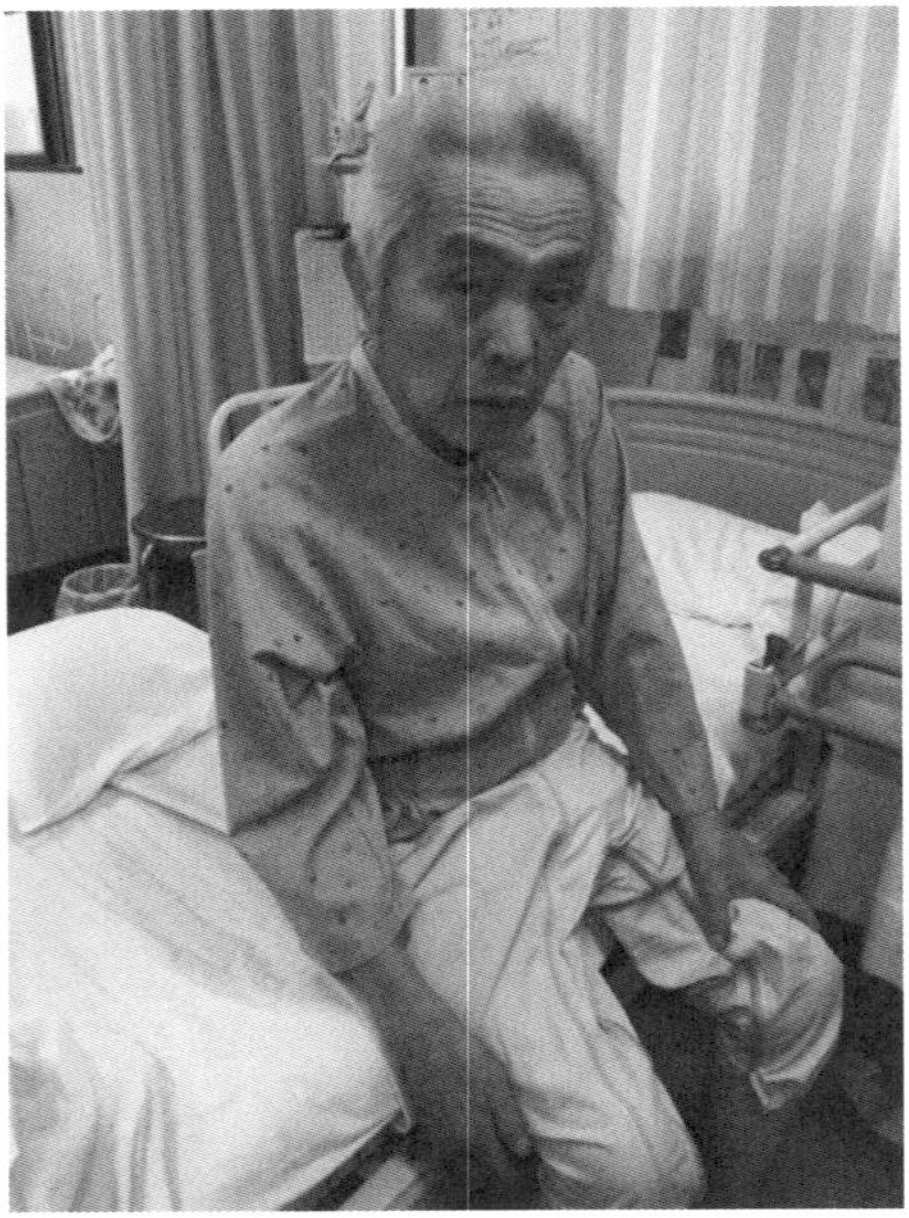

問いかけに黙ってうなずいたおじいちゃん。「しょうがないよな」とおばあちゃんも淋しそうに言い聞かせていました。なぜ、回復期リハビリ病院は5カ月しか使えないのでしょうか。本人の意欲もありリハビリをもう少し続けていたら、状態が改善したのではないかと今でも思います。

3. 老健へ入所、退所、再入所

２０１６年5月2日に老健に入所となりました。自宅からおばあちゃんの足で10分以内の場所にあるところで、ほぼ毎日おばあちゃんは面会に行っていました。しかし老健入所10日で状態が悪くなり、提携病院へ搬送され1カ月入院（診断は肺炎）しました。「何でやろう」とうまく言葉が出ない状態で振り絞るように言ったおじいちゃん、泣いてばかりで声をかけるのがつらかったです。

老健は、即退所となりました。契約書の中に確かに記載されていましたが、契約時の説明はありませんでした。医療と介護の両方は、給付できないということです。1カ月で退院できて同じ施設に再入所は出来たからよかったものの、その時点で定員が埋まっていたら他の施設を探すことになっていました。初入所時には使えた短期集中リハビリ（1回20分×週3回）は、退所・再入所では使えず1回20分×週2回に減りました。もともと介護保険のリハビリは回復期とは比べることができないくらい少ないものですが、さらに回数が減りました。

4. 「家に帰りたい…」と父

今で5カ月ほどの入所期間ですが、回復期リハビリ病院退院時より格段に力が落ちたなと思いま

図10　老健で車いすに乗る

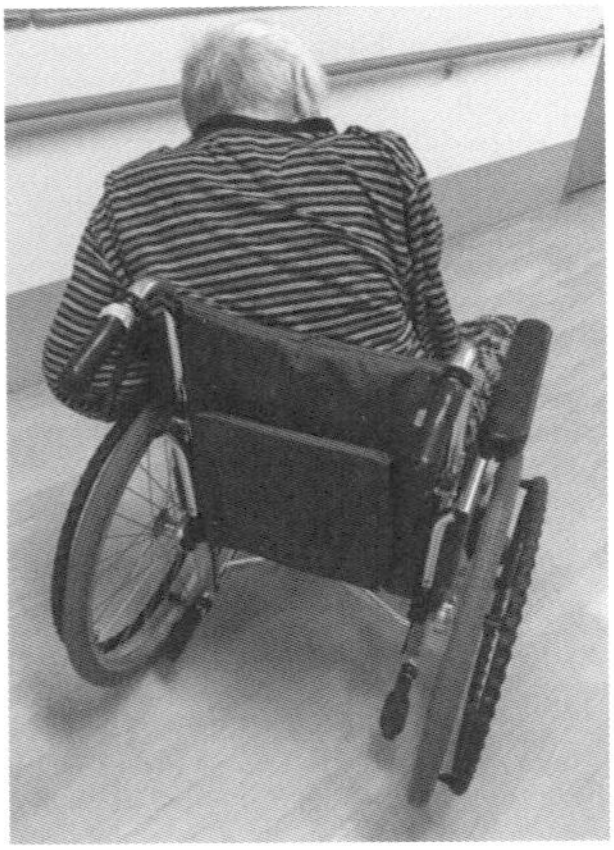

図11　一時帰宅でおばあちゃんとテレビを観る

す。ベッドでの1人の座位は、もうできません。以前は言葉も聞き取れたのですが、今はわからないことが多いです。

面会時に、ベッドから車いすに移してあげて過ごすのですが、動く左手を使い前後に車イスを動かす仕草をよく見せています。ある時気が付いたのですが、それは家に帰るためのおじいちゃんなりの練習でした。本当に悲しそうな表情で「帰りたい。でも難しいな」と言う言葉に、申し訳ない気持ちでいっぱいです。

いつかは、親の介護に直面するだろうと思っていました。しかし実際にそうなり医療・介護に向き合うと、要介護者・家族の願いとは違うところで制度が動いているように思えてなりません。

医療は、本当に必要な人に届いているのでしょうか。入院期間やリハビリに、なぜここまで期限があるのかわかりません。在宅の場合、地域での医療はきちんと受けられるのでしょうか。

在宅生活は家族介護が前提であり、結局は老老介護・

介護離職等につながります。必要な支援を受けたくても現行制度ではすぐに上限いっぱいとなり、それ以上は全額自己負担です。経済的負担が重くのしかかります。「介護を社会化する」と言って導入した介護保険制度なのに、現実は全く違っていると強く感じています。

ここで、おばあちゃんに一言話してもらいます。

5.「今の介護保険はアカン！」～母の切なる想い

「すいません、雨田正代と言います。私は今、おじいちゃんの老健の方にほぼ毎日行っています。介護保険ができる時は、『これで老後は安心や』と私自身も思っていました。そして老健は、家に帰るための訓練をしてくれる所だと本当に信じていたのです。でも現実はそうでないということを本当に突き付けられて、なんか悲しくなっています。おじいちゃんが望んでいるように、本当は家に連れて帰ってあげたいです。でも私自身、足や腰の痛みがあるので体を起こしてあげることもできないし、本人も自分で体を動かすことさえできません。そんな状態での生活なので、帰ることは本当に無理なんやなって、おじいちゃんには申し訳

図12　食後の果物を楽しむ

ない気持ちでいつも『ごめんね』と言っています。今の介護保険では本当にあかんなぁと、つくづく思います。だからこれから変わるのであれば、安心して暮らせるような介護保険に1日も早くなって欲しいと願っています」

私たち家族が直面している状況は、特別なことではなく多くの方に共通することだと思います。家族に負担を押し付けることなく、安心して介護が受けられる制度を切に望んでいます。

以上、報告とさせていただきます。ありがとうございました。

〈追記〉

2017年4月1日、おじいちゃんが亡くなりました。亡くなる3週間前、体調を崩して急性期病院へ搬送（総胆管結石と診断）されました。処置をして6日目に退院・老健に再入所したものの体調が回復せず、1週間で再入院（自宅から近くの病院）した4日後のことでした。「早く良くなろうね」との問いかけに、しっかりうなずいていただけに残念でなりません。

一貫しておじいちゃんと家族の希望は、「在宅」で介護を受けながら生活することでした。要介護5で受けられる在宅介護のシミュレーションをケアマネージャーさんにしてもらい、受けられるサービスの少なさに驚きながらも住宅改修や家族での介護分担なども考えていました。しかし、そこに踏み切れなかったのは、やはりリハビリが十分に受けられなかったこと・家族の介護力に対する不安でした。

回復期リハビリ病院で座位がとれるようになった時、ちょっと安心したような表情をおじいちゃんは見せました。けれども、両膝が痛いおばあちゃんや家族に迷惑をかけてはいけないとの思いをずっと持っていたことも事実です。

老健ではリハビリに拒否的なところがあったと聞きました。それは、病院とは違う極端に少ない回数・維持できない自分の身体に対する不安やいら立ちがあったからではないかと考えています。

本人の機能回復・維持のみならず、家族の介護力にとってもリハビリが大事なことは言うまでもありません。期間を一律に定めるのではなく、必要な医療や介護を本人の願いに寄り添って受けられるようにすることが大事ではないかと強く思います。

制度の壁にぶつかり、激しく矛盾を感じた1年半でした。おじいちゃんの希望に見合ったことができただろうか、これでよかったのかなとの思いが強く残っています。その気持ちを持ちながら国のいう「地域共生社会」ではなく、安心して介護や生活を送ることのできる制度を実現させるために頑張っていこうと思います。

第2章　大阪府内の病院、老健の入院入所、退院退所調査

鴻上圭太（大阪健康福祉短期大学）、北垣智基（同）

1．調査の背景と目的

近年、地域包括ケアシステムの構築を目指した地域移行・在宅生活支援に関する仕組みづくりが進められている。平成25年８月に出された『社会保障制度改革国民会議』の報告書では、医療・介護分野の改革として急性期医療への人的・物的資源の集中投入と、それに対応した入院期間の縮減、早期の家庭復帰・社会復帰の促進、受け皿となる地域の病床や在宅医療・在宅介護の充実を課題として示した。また、地域包括ケアシステムの構築＝医療・介護のネットワーク化の推進を示した。これが平成26年度診療報酬改定の内容を方向付けた。平成26年度診療報酬改定では、入院医療に関して、在宅復帰の促進に向けた仕組みが設けられた。高度急性期・急性期の病院に対する「自宅等退院患者割合」、老健における「在宅復帰率」、長期療養型の病院に対する「在宅復帰率に係る加算の評価」等の導入である。

他方で、これらは多くの人々の「住み慣れた自宅や地域で最期を迎えたい」という希望に対応するものとされるが、その実態はどうなのか。病院・施設等の現場からは、地域移行・在宅生活支援に伴う困難さや問題点を指摘する声を耳にする。また、早期の退院・退所に伴う生活上の不安や苦しさを語る患者やその家族が存在する。

上記の動向と関連しながら、安倍政権のもと、アベノミクスや「一億総活躍」に向けた政策が打

ち出されてきている。これら政策のねらいは、労働市場の補強、競争主義の強化、効率性の向上といった側面の稀にみる強調である。このような社会状況のなか、安倍政権では医療費改革あるいは社会保障改革に際立って傾注している。経済財政会議や財政制度等審議会などでは、医療費用抑制のため入退院を促進し、地域・在宅へと移行させていこうとする議論がなされ、実際に２０２５年を目途に病床数を最大20万削減し、30万人余りを自宅や介護施設での治療に切り替える目標を示している。

以上の現状認識のもと、大阪社会保障推進協議会に設置された「介護保険の抜本的な見直しに向けた提言検討会」では、一連の医療制度改革の影響を受け、病院や介護老人保健施設の特に入退院・入退所の調整を行う場面で問題が生じていると考える。この点についてこれまで、制度の変更・修正が及ぼす影響への政策的視点からの調査・研究は一定数存在する。しかし、現場の視点、つまり、入退院の調整の担当者の視点から明らかにした分析については知る限りみられない。

そこで今回、大阪府内の病院及び介護老人保健施設を対象としたアンケート調査を実施した。なお、以下では病院を対象とした調査を「病院調査」、介護老人保健施設を対象とした調査を「老健調査」とする。

2. アンケート調査の概要

アンケート調査の概要は、以下のとおりである。

実施主体	大阪社会保障推進協議会に設置された「介護保険の抜本的な見直しに向けた提言検討会」が主体となって実施した。
調査対象	調査対象は大阪府下の病院（523件）及び介護老人保健施設（185件）とした。
調査方法	調査方法は、質問紙を用いた郵送調査法を採用した。
調査期間	調査期間は、2016年7月から2016年8月までの約1カ月間であった。
回収率	回収率は、病院が23%（121ケース）、介護老人保健施設が17%（32ケース）であった。
病院調査の用語について	・「病院」には「急性期」「地域包括」「回復期」「医療療養」「介護療養」を含む。 ・「自宅」には「サービス付き高齢者向け住宅（以下、サ高住）以外の集合住宅」を含む。 ・「入所施設」には「介護老人保健施設（以下、老健）」「特別養護老人ホーム（以下、特養）」「短期入所生活介護（以下、短期入所）」を含む。 ・「入所系施設」には「救護施設」「養護老人ホーム」「有料老人ホーム」「サ高住」「グループホーム」を含む。 ・「通所系」には「小規模多機能型居宅介護（小多機）」「看護小規模多機能型居宅介護（看多機）」「お泊りデイ」を含む。 ・「その他の施設」には旧高齢者専用賃貸住宅（高専賃）など上記以外の区分を含む。

老健調査の用語について	・「在宅」には「サ高住以外の集合住宅」「ショートステイ」を含む。 ・「病院」には「医療療養病床」「回復期リハビリ病棟・地域包括ケア病棟」「その他の病棟（精神科など）」を含む。 ・「入所施設」には「特別養護老人ホーム」「他の介護老人保健施設」を含む。 ・「居住系施設」には「有料老人ホーム」「サービス付高齢者向け住宅」「認知症グループホーム」を含む。 ・「その他施設」には「養護老人ホーム、救護施設など」を含む。

3. アンケートの分析結果と考察

（1）病院における「地域移行」の動向

①病院の基本属性

今回、病院に分析のために用いたデータは121ケースである。分析にはSPSS（統計解析ソフト）（Ver.21.0）を用いた。回答者の基本属性について簡単にふれておくと、「所在エリア」は「大阪市内」（32・2％）が最も多く、次いで「北河内」（18・2％）、「北摂」（12・4％）が多かった。「ベッド数」については、「50〜99床」（23・5％）が最も多く、次いで「100〜149床」（16・8％）、「150〜199床」（13・4％）が多かった。「入院基本料の種別」については、「一般」（75件）が最も多く、

表１　病院の所在エリア（n＝121）

所在エリア	北摂	大阪市内	堺市内	泉北	泉州	泉南	北河内	中河内	南河内
%	12.4	32.2	10.7	2.5	8.3	0.8	18.2	5	9.1

表２　ベッド数（n＝121）

ベッド数	20〜49	50〜99	100〜149	150〜199	200〜299	300〜399	400〜499	500〜599	600〜699	700〜799	800〜899	900床以上
%	11.7	23.5	16.8	13.4	12.6	5.8	6.7	1.6	0.8	3.2	0	3.2

表３　入院基本料の種別（n＝121）

入院基本料の種別	一般	障碍者施設等	療養	精神一般	精神療養	結核	感染症
件数	75	16	34	13	2	0	1

次いで「療養」（34件）、「障害者施設等」（16件）が多かった。

②入退院の動向

今回の調査では、患者の「入院直前の所在」ならびに「退院後の行先」を把握するための質問項目を設定したが、回答のしやすさを考慮して患者の年齢層を限定しなかった。そのため、必ずしも高齢者に特定した実態を示すものではない点に注意が必要である。この点を踏まえたうえで、調査結果をみていきたい。

まず**表４**のとおり「入院直前の所在」としては、自宅が84・6％で最も多く、次いで病院が10・8％であった。また**表５**のとおり、「退院後の行先」についても自宅が87・2％と最も多く、次いで病院が7・5％であった。この結果から、疾患等をかかえて入院した場合も、退院後は順当に自宅に戻っているように見える。しかし、着目しなければならないのは、「入院直前の所在」の10・8％が病院であり、「退院後の行先」として、7・5％は、再び他の病院に入院している実態である。再入院の原因

表４　入院直前の所在（n=121）

所在	病院	自宅	入所施設	入所系施設	通所系	その他の施設	合計
人数	5197	40696	1180	771	125	124	48093
%	10.8	84.6	2.4	1.6	0.2	0.2	99.8

表５　退院後の行先（n=121）

行先	病院	自宅	入所施設	入所系施設	通所系	その他の施設	合計
人数	3900	45005	1341	1199	46	80	51571
%	7.5	87.2	2.6	2.3	0.008	0.1	99.708

はさまざまあるだろうが、一つは、急性期治療を終えて慢性期治療に移行する際、自宅で療養をともなう生活を営む基盤が脆弱であることが考えられる。自宅に帰ろうとするならば、必要な支援が保障される必要がある。しかし、それが不十分なまま、ただ退院することのみを目指すことが次なる入院事由を招き、再び入院する必要を生じさせる場合があると考えられる。

また、もう一つ着目すべきは「退院後の行先」として、入所施設が２・６％、入所系施設が２・３％あることである。「入院直前の所在」をみると、入所施設が２・４％、入所系施設が１・６％であり、入退院の前後を比較すると、施設入所がわずかながら増加している。小さな数値ではあるが、「退院後の行先」として、自宅に戻らず生活施設へと入所するルートが存在することは確実であるといえよう。問題は、そうした生活施設において、必要に応じた支援を行う体制が整備されていない実態があると考えられる点である。

「朝日新聞」（２０17年5月7日付）でも報道されたように、近年、普及が目指されているサ高住などでも、入居者の要介護度と支援体制との「ミスマッチ」が生じている。十分に支援が届かないことにより、孤独死や誤飲等の事故が生じている。しかし、特別養護老人ホーム等の公的介護施設と異なり、サ高住はあくまでも「賃貸住宅」という位置づけであることから、業界内では「自室での事故は自己責任」という見方が一般的とのことである。私たちは、ここに新自由主義的政策・制度の効果が生活部面に浸透している事態を見なければならない。

新自由主義的な発想は、「自由」な市場や競争のもとでの自己選択・決定に価値を置き、政策・制度を通じて人々の行為を方向づけていく。しかし、同時にその結果に対する「自己責任」という観念を結び付ける。私たちにとって「自己選択・決定」そのものは価値あるものである。それゆえ、自らの選択・決定が保障される仕組みを前向きに捉えてしまうのだが、ここには、あらかじめ結び付けられている「自己責任」という観念のもと、結果的に生じた問題を個人に帰責させるという落とし穴が用意されている。すなわち、私たち自身が「主体的」にこのように、公的保障の縮小に伴う問題を、社会的な問題ではなく個別的な問題へと回収させせようとするメカニズムを有するのが、新自由主義的政策の性格なのである。

そのため、次の2点を確認しておく必要がある。第一に、ここでの「自由」や「選択・決定」は、あらかじめ枠付けられたものであることに注意しなければならない。実際に、医療・介護サービスに対しても、私たちが選択肢を自由に設定し選べるわけではない。また、第二に「自己決定」と「自己責任」は、常に結び付けられなければならないものではない。仮に自己選択・決定の結果、生命が脅かされたり、健康で文化的な生活水準に満たない状況に陥った場合も、最終的に生命・生活を保障する責任を国家は有している。支援が必要であるにも関わらず、やむを得ずサ高住等を選択し、結果的に誰の目も届かない状態で事故や孤独死に至るという事態に対しては、公的責任の不備を指摘しなければならない。

③入退院に伴う諸問題

今回の調査では、入退院・入退所に伴う問題点を明らかにするために「調整困難事例の有無」「患者・家族からの不安・不満の声」「経済的困難の問題」の有無を聞いた。図13から図15は、その結果である。

「調整困難事例の有無」については、「時々ある」（69％）

図 13　調整困難事例の有無（n=121）

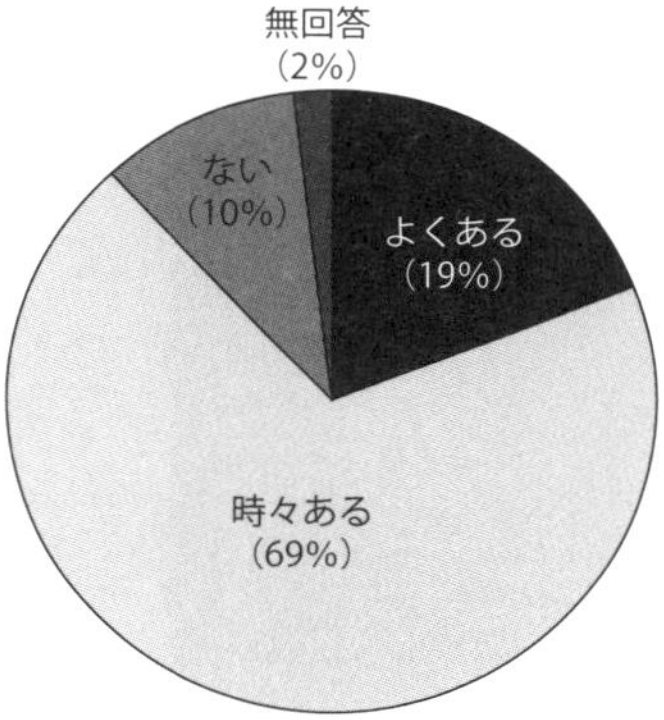

図 14　患者家族からの不安・疑問の声（n=121）

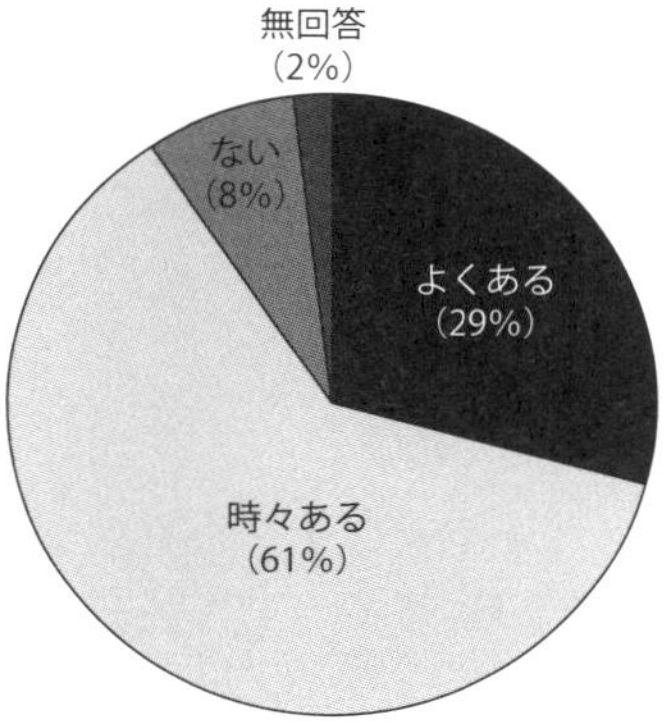

図 15　入退院時の経済的問題の有無（n=121）

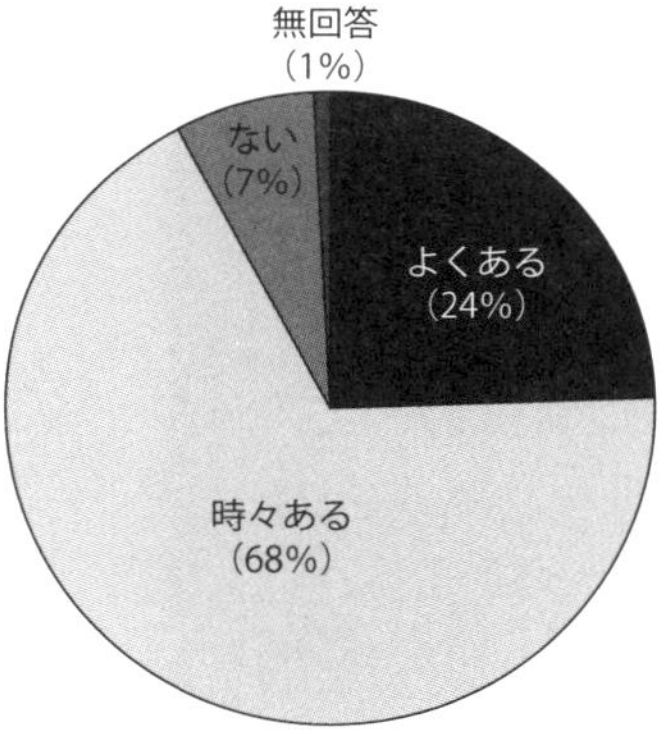

が最も多く、次いで「よくある」（19％）が多かった。「ない」は10％であった。「患者家族からの不安・疑問の声」については、「時々ある」（61％）が最も多く、次いで「よくある」（29％）が多かった。「ない」は8％であった。「入退院時の経済的困難の有無」については、「時々ある」（68％）が最も多く、次いで「よくある」（24％）が多かった。「ない」は7％であった。

以上のように、退院に伴う調整困難事例、患者家族からの不安・疑問の声、入退院時の経済的負担の問題が、およそ20％から30％の病院で頻繁にみられている実態がある。さらに「時々ある」を含めると、およそ8割から9割超の病院で入退院に伴う諸問題が発生している、ということである。まさに問題を抱えながら、あるいは自分や家族の希望とは異なる形で退院せざるを得ない状態に置かれ、不安を抱えながら退院してゆく人々が存在していることを示すものであり、ミスマッチがそこかしこで生じている現実を示唆する結果であるといえよう。

その具体的な内容は自由記述にも表れており、次節で考察されているとおりであるが、入退院に伴って問題・課題を抱えることになる主要因として「独居」「家族の支援体制」「経済状況」等を挙げることができる。このような実態に対して、所得や家族による支援の有無に関わらず「尊厳ある生活」が保障される条件を整備していくことが不可欠である。

（2）介護老人保健施設における「地域移行」の動向

①老人保健施設の報酬区分をめぐる実態

次に、老健の実態を見てみることにする。

図16は、老健の報酬区分をたずねた調査結果である。本調査では、おおよそ「強化型」老健は全体の2割、「加算型」老健は3割、「通常型」老健は5割であった。ちなみに、２０１３年度厚労省全国調査では、「強化型９・１％、「加算型」23・２％、「通常型」67・７％であった。「通常型」老健が圧倒的に多いことには変わりはない。

老健には、「強化型」「加算型」「通常型」という三つの報酬区分のうち「強化型」「加算型」には、在宅復帰率、入所回転率等にノルマが課せられている。しかしながら報酬単価でいうと「強化型」「加算型」「通常型」の順で、利用者1人当たりの額に高低差がある。ある介護老人保健施設の管理者は「強化型の報酬単価でないと、職員に対してまともな給与が出せない」という。給与の水準の価値観はいろいろあるかもしれないが、在宅に復帰させることや入所者と退所者を繰り返し回転させること、報酬単価に差異を設けることをリンクさせていることに違いはない（「強化型」や「加算型」においては）。入所者の状況に応じて介護老人保健施設の役割を果たすということよりも、報酬区分を維持させるために入所者を自宅復帰させ、あるいは入所者を退所させ、そして別の人を入所させるという、利用者不在の施設運営、施設維持のベクトルが働いている可能性が大きい。現に、別の介護老人保健施設で働くケースワーカーにインタビューをすると「入所前面談においては、退所後の動向に話の焦点が置かれる」という。つまり、「強化型、あるいは加算型報酬区分の介護老人保健施設では、入所決定の鍵を握るのは、退所後、もとの住宅に帰ることができるか、またはサービス付き高齢者住宅や有料老人ホームに入所できる経済力があるかどうか」ということだ。もとの住宅に帰るにし

図 16　報酬区分

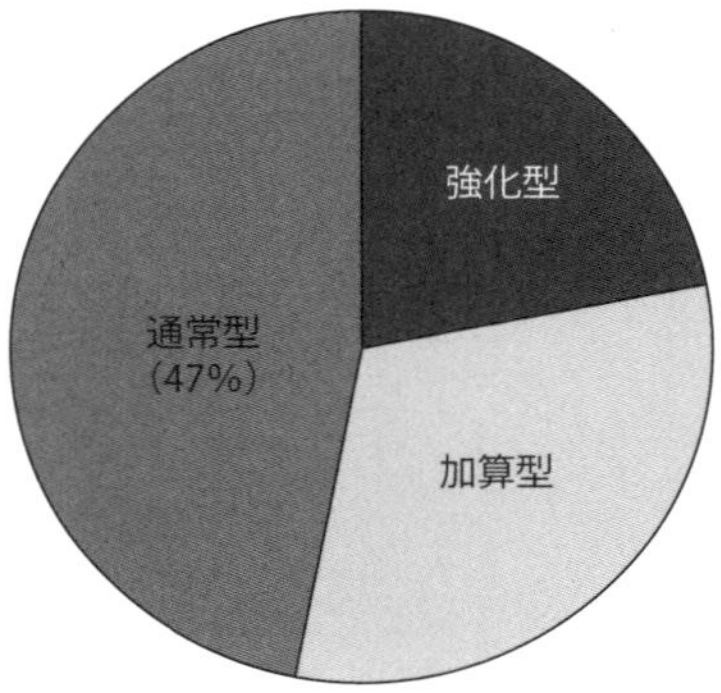

図 17　報酬区分移行予定の有無

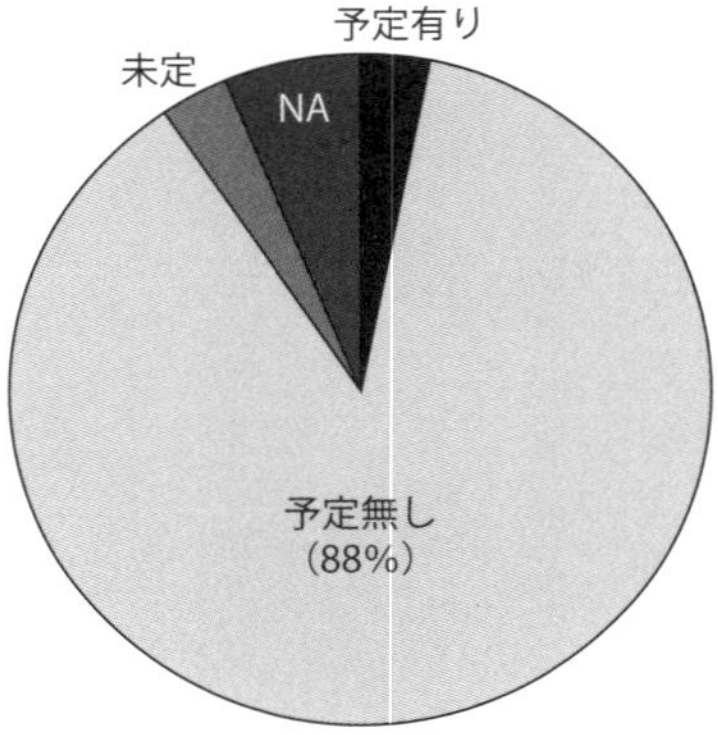

てもサービス付き高齢者住宅や有料老人ホームに入所するにしても、家族の協力は不可欠であり、入所前面談では家族との面談も綿密に行うとのことである。そして、入所後も「本当に在宅に戻れるのか」という問いかけを家族にし続けるとのことである。

またインタビューの中では「自分の事業所ではないが」と前置きしたうえで、「場合によっては、入所前面談で門前払いをすることもあると聞いている」とのことであった。退所後、自宅に帰ることができない、あるいはサ高住や有料老人ホームに入所することができないのならば、くり返すが初めから入所を断るということである。なぜならば、「強化型」「加算型」報酬区分施設にノルマが課せられており、「在宅復帰率」や「入所回転率」のノルマを達成できなくなるからである。

自宅に帰るためには、自宅での介護力の基盤が必要であるし、またサ高住や有料老人ホームに入所するには、一定の経済力が必要である。独居高齢者や老老介護世帯ではＡＤＬ（日常生活動作）の状況がかなり高いレベルにある必要があるし、またサ高住や有料老人ホームへの入所は、貧困世帯では経済的にほぼ不可能に近い。ところで、先ほどの図16では、報酬単価の比較的一番低い「通常型」が47%と、他の区分と比較して一番多い。この理由として、二つのことが考えられる。

一つは、「強化型」「加算型」では、自宅に帰すこととあわせて入所と退所を繰り返し行っていくことが求められる。つまり、たとえ退所させて自宅やサ高住、有料老人ホームに入所させたとしても、次に入所させなければそもそもベッドが空くばかりである。入所と退所を繰り返す、「入所回転率」を維持させるには、入所者確保のルートが必要なのである。「強化型」や「加算型」が維持可能な事業所とは、コンスタントに入所者を確保できる、その先のルートがある。これが「強化型」や「加算型」を維持させていく条件である。報酬単価は高い「強化型」「加算型」ではあるが、頑張ってできるものではない。その証明が図17の調査結果に表れている。

もう一つは、「通常型」の報酬区分事業所には、「在宅復帰率」や「入所回転率」等のノルマがないということである。つまり、在宅復帰やサ高住、有料老人ホームへの入所が望めない入所者を、一定期間は受け入れ続けることができる。このことからすると、「通常型」報酬区分事業所が、家族介護が望めない独居あるいは老老介護世帯の人や、貧困層等の受け皿になっている可能性は非常に高い。本調査における報酬区分「通常型」47%、「報酬区分移行予定」無し88%の結果は、そういったニーズを反映しているのではないだろうか。

②介護老人保健施設入退所の動向

表6　入所直前の所在（強化型）

所在	サ高住以外	ショート	医療療養病床	回復期地域包括	その他精神科など	特養	他の老健	有料老人	サ高住	認知症グループ	養護救護	合計
人数	237	122	150	330	167	0	27	1	4	0	8	1046
%	22.7%	11.7%	14.3%	31.5%	16.0%	0.0%	2.6%	0.1%	0.4%	0.0%	0.8%	100%
小計	34.3%		61.9%			2.6%		0.5%			0.8%	100%

表7　入所直前の所在（加算型）

所在	サ高住以外	ショート	医療療養病床	回復期地域包括	その他精神科など	特養	他の老健	有料老人	サ高住	認知症グループ	養護救護	合計
人数	287	27	178	305	125	1	38	17	5	13	1	997
%	28.8%	2.7%	17.9%	30.6%	12.5%	0.1%	3.8%	1.7%	0.5%	1.3%	0.1%	100%
小計	31.5%		61.0%			3.9%		3.5%			0.1%	100%

表8　入所直前の所在（通常型）

所在	サ高住以外	ショート	医療療養病床	回復期地域包括	その他精神科など	特養	他の老健	有料老人	サ高住	認知症グループ	養護救護	合計
人数	201	47	851	480	336	1	48	8	2	4	0	1978
%	10.2%	2.4%	43.0%	24.3%	17.0%	0.1%	2.4%	0.4%	0.1%	0.2%	0.0%	100%
小計	12.5%		84.3%			2.5%		0.7%			0%	100%

上の**表6～8**は、報酬区分ごとの入所直前の所在を集計したものである。

三つの報酬区分を比較すると、「強化型」・「加算型」と、「通常型」に違いがみられる。一つは入所直前の所在として「病院系」が84％と他の二つの区分のそれと比較して明確な差異がみられることである。さらに、**表9～11**の退所直後の所在データを見ても、「強化型」・「加算型」と、「通常型」では、退所後の行先に明確な差異がみられる。「通常型」は、「強化型」・「加算型」と比して退所直後の所在として「病院系」が突出して多い。同時に、「特養」「その他の老健」へ移行している割合も少ない。つ

表９　退所直後の所在（強化型）

所在	サ高住以外の入所前住宅	入所前とは違う自宅	ロングショート	医療療養病床	回復期地域包括	その他の病棟	特養	他の老健	有料老人	サ高住	認知症グループ	養護救護	合計
人数	343	7	41	109	31	73	82	22	41	47	18	1	815
%	42.1%	0.9%	5.0%	13.4%	3.8%	9.0%	10.1%	2.7%	5.0%	5.8%	2.2%	0.1%	100%
小計	48.0%			26.1%			12.8%		13.0%			0.1%	100%

表 10　退所直後の所在（加算型）

所在	サ高住以外の入所前住宅	入所前とは違う自宅	ロングショート	医療療養病床	回復期地域包括	その他の病棟	特養	他の老健	有料老人	サ高住	認知症グループ	養護救護	合計
人数	269	5	18	193	92	88	100	22	59	33	14	2	895
%	30.1%	0.6%	2.0%	21.6%	10.3%	9.8%	11.2%	2.5%	6.6%	3.7%	1.6%	0.2%	100%
小計	32.6%			41.7%			13.6%		11.8%			0.1%	100%

表 11　退所直後の所在（通常型）

所在	サ高住以外の入所前住宅	入所前とは違う自宅	ロングショート	医療療養病床	回復期地域包括	その他の病棟	特養	他の老健	有料老人	サ高住	認知症グループ	養護救護	合計
人数	158	47	34	712	387	334	114	36	40	11	4	2	1879
%	8.4%	2.5%	1.8%	37.9%	20.6%	17.8%	6.1%	1.9%	2.1%	0.6%	0.2%	0.1%	100%
小計	12.7%			76.3%			8.0%		2.9%			0.1%	100%

まり、「通常型」老健に関していえば、病院系と老健を入所者は行ったり来たりしている可能性が非常に高いといえよう。「強化型」「加算型」ならば、在宅復帰率に縛りがあり一定の成果を求められる。しかし「通常型」にはそういった縛りはなく、また「通常型」老健の報酬加算が割高であるのにも関わらず、老健全体の50%程度を今なお占めている現状を鑑みると、帰る家がなく（または、介護を受けられる家がなく）、またグループホームやサ高住に入居できる経済力もない高齢者の受け皿となっている可能性がある。

「通常型」は入所回転率のノルマも課せられていない。しかし「通常型」のベッド充足率の高さを見ても、病院の入退院と老健の入退所を繰り返しながら、高齢者の居場所をなんとかやりくりしている様子がうかがえるのである。

③在宅復帰率及び入所回転率

図18、図19は、本調査で明らかになった「通常型」老健における、6カ月間における在宅復帰率と入所回転率である（「強化型」及び「加算型」にはそもそも数値的な縛りがあるので、ここでは数値的な縛りのない「通常型」のデータを示すことにする）。

まず、図18の入所回転率のデータを見てみよう。このデータから言えることは、介護老人保健施設における報酬区分で50%を占める

図 18　入所回転率（通常型老健）

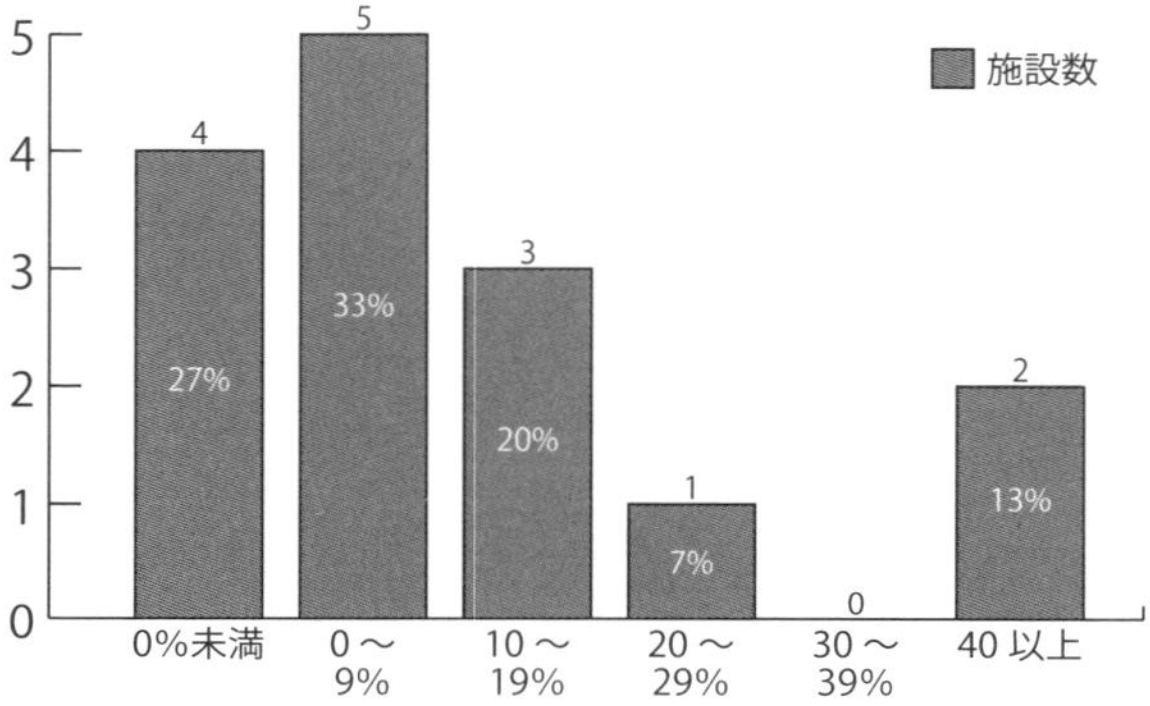

図 19　在宅復帰率（通常型老健）

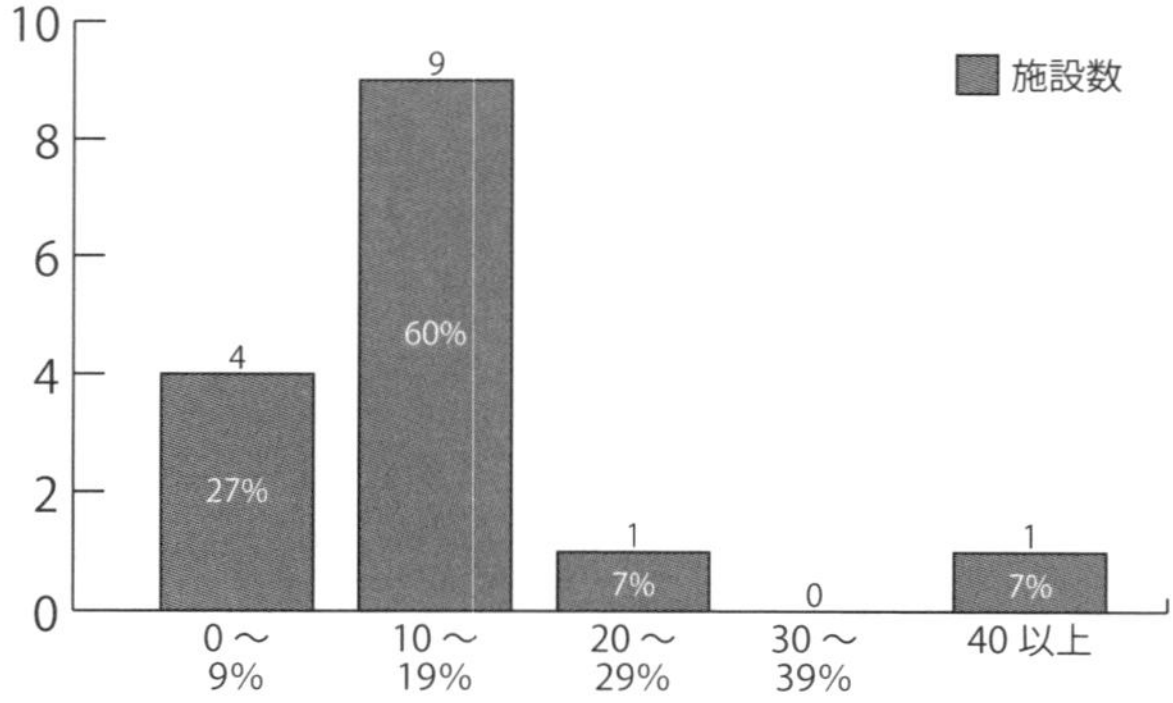

「通常型」では、6カ月の間に入所者が入れ替わった割合が20%以下である施設が80%にものぼるということである。逆にいうと、6カ月の間に40%以上入所者が入れ替わった施設は13%しか無い。「通常型」では、少なくとも6カ月以上は、何らかの理由で入所し続けていることがわかる。

次に、**図19**の在宅復帰率のデータを見てみよう。入所者が退所した場合、「在宅」といわれる（もともとの住まい以外に、サ高住、グループホーム、有料老人ホーム等が「在宅」にあたる）場所に戻れた（移れた）かどうかである。「在宅」に戻れた（移れた）という割合が30%未満である施設が、約85%にものぼるのである。つまり、この94%の施設におけるそれぞれ約70%の入所者は、当該老健を退所後、病院あるいは別の老健あるいは特養等に移っていることになる（**表11**参照）。

4．自由記述の分析結果と考察

高倉弘士（総合社会福祉研究所）

本節では、大阪府内の病院、老健の入院、入所退院、退所調査における自由回答記述の内容を詳細に分析する。設定された自由記述は**表12**のとおりである。

分析をとおして、病院や老健では、今何が起きていて、なにが問題なのか、を考察し制度改革が起こした〝ひずみ〟の大きさを可視化する。この分析結果が、制度改革にたいする議論を惹起する一因となればと願う。

（1）分析の方法

表 12　自由記述の内容について

病院調査	老健調査
①患者を退院させるにあたって、調整困難な事例の具体的内容	①入所退に際して経済的困難や制度のはざまでの調整困難と思われる具体的事例
②患者家族の不安・疑問	②今後の医療・介護制度に対する制度全般・報酬・施設基準等に関する意見
③患者の入退院時の経済的問題の具体的内容	

本節では、計量テキスト分析ソフト KH-coder をもちいて、自由回答記述の分析をおこなう。計量テキスト分析とは、パーソナルコンピュータを使ってドキュメントデータを一様に処理し、文字データを数量データのように扱い分析する方法である。このような分析方法は、主に社会学や心理学、政治学などの社会科学系領域でこれまで多く使われてきた分析手法である。計量テキスト分析をおこなうメリットとしては、100件や100万件といった文字データを一瞬で処理でき、誰がおこなっても同じ分析結果が出力できるところにある。さらに、言葉のつながりを視覚的に把握することも可能となり、より直感的に文章構造を把握しやすい。

仮に、計量テキスト分析を使わないというのであれば、研究者の主観的分析によってしまい、客観的な分析結果からはいささかはなれたものになる可能性もある。くわえて、大量の文章を分析者自身が読み込まなければならないため、今回のような自由記述のデータの分析は忌避されがちであった。そのため、ドキュメントデータを扱う今回のような分析の場合、計量テキスト分析は最も適した分析法であるといえる。

（2）データの操作化

本章の目的を改めて提示すれば、「医療改革や社会保障改革などの影響を受け、病院や老健では、今何が起きていて、なにが問題なのか、を調査結果から考察する」ことである。ただし、病院や老健といってもさまざまな区別が存在し、それぞれの施設における固有の問題と、全体に共通する問題が存在する。それらをより詳しく描出するため、本節で用いるデータに関しては、次のような操作化をおこなった。病院調査に関しては、病棟種別で分類した。具体的には、一般病棟（その他の病棟含む）と療養病棟にデータを分類した。これは、病棟の機能によって抱える問題が異なるのか、あるいは病院の機能に依存せず同様の問題が発するような構造的な問題があるのかを分析するためである。老健に関しては、特に操作化はせずに分析をおこなう。

（3）分析の結果

①病院調査から

データの概観

まず、自由回答記述で出現回数が多かった語についてみてみよう。表13は「患者を退院させるにあたって、調整困難な事例はありますか?」「患者の家族から不安や疑問を投げかけられたことがありますか?」「患者の入退院に際して経済的な問題が発生したことがありますか?」との問いに対して具体的事例を記入した回答の中で出現回数が多い語10位までを表にしたものである。

表 13　頻出単語 10 位

調整困難な事例		不安や疑問		経済的な問題	
抽出語	出現回数	抽出語	出現回数	抽出語	出現回数
家族	46	退院	38	入院	40
退院	34	入院	36	生活	25
施設	26	施設	26	支払い	23
患者	25	不安	26	保険	22
場合	23	家族	20	年金	18
希望	16	病院	20	本人	18
入院	16	介護	18	医療	16
本人	16	医療	13	場合	16
介護	15	場合	13	患者	14
転院	15	高齢	12	出来る	14

「調整困難な事例」からは、「家族」の出現回数が最も多かった。これは、「自宅退院予定でリハ目的入院となると家族が同居拒否を言い出した」や「家族が環境調整に協力的でない」や「家族の受け入れが難しいケースなど」のように、患者が退院することでの家族への負担が大きいことから調整困難へつながっていることである。また、特に注目すべきは4位に「患者」がランクインしていることである。「患者と家族の意見が違う」や「患者の意思と家族の思いの相違がある」、「患者や家族の要望に沿う介入が困難」などこのことからも、患者と家族間での意見の相違によって退院後の調整が困難になっていることが明らかである。これらのことからは、退院にあたって近親者の理解が容易に得られることは想定しにくく、このような状態で患者のケアが可能であるのかといったことに対しては疑念を抱かざるを得ない。

次に「不安や疑問」からは、「退院」の出現回数が最も多かった。「退院」への不安は多様であり、一つには「自宅に退院することになると同居家族の仕事に支障をきたす」や「日中は就労しておりほとんど在宅していないため、患者自身が動けないと自宅退院は不可能だ」など就労とケアとの関係に不安を抱えている場合。あるいは、「同居家族の体調に不安があり、自宅退院による共倒れの心配がある」など受け入れる家族の体調にも不安がある場合。また、「入院費よりも施設費のほうが高く、家族が退院を拒むケースもある」など経済的問題で退院を拒む場合がある。単に退院を拒むにも多様な理由が存在することが確認できる。しかし、実際にはこれらの種々の理由をひとくくりにされながら〝とりあえずの退院〟をせざるをえない状況が発生しているのではないか。これら受け入れる家族側の種々の理由に関しては顧みず退院処理する様はまさに現場なき政治の典型である。

２位は「入院」である。入院に関してもいくつか分類が可能である。「いつまで入院できるのか」や「長期入院できるかの不安」「世間は『３カ月』入院できると思っている」「入院早期から退院や転院の話が出ることに困惑される」などの入院期間に関する場合である。これらの事例からは、病院は患者の治療に従事することが求められているが、現在のような退院を促進し地域へあるいは自宅へ送り出そうとする場合、特に患者のみならず受け入れる側の家族へのケアが非常に重要になってくることが示唆される。

また、「医療区分の変動による入院費の負担増減」「入院費について」など、入院にかかる費用について不安視する声がある。また、「独居生活は不安にて入院生活を継続したい」など、近親者や親族のケアを受けられない患者の不安から入院を延長する場合などがある。

次に、「経済的な問題」についてみていこう。１位は「入院」である。「年金が足りなくて入院費未納」

や「世帯主が入院したため入院費の支払いが困難」「入院費が支払いできない」「患者の年金で家族が生活している場合、入院すると生活が成り立たなくなってしまう」「入院時無保険状態・生活保護にはかかれない状況の中で入院費が生じる」など、入院費用が支払われない状況に対する問題が多く出ている。このような状況で転院していけば、次の病院や施設でも当然費用が発生する、いわゆる〝こげつき〟状態になってしまう。退院後の生活保障まで視野に入れた政策が必要ではないだろうか。3位の「支払い」についても1位の内容とほぼ同様の内容である。「家族が支払いを放棄する」や「入院費支払いができないため、生活保護申請する際キーパーソン不在の場合手続きに時間がかかる」、「お金の支払いをしてくれていたキーパーソンがいなくなり、本人に支払い能力がない場合」「保険外負担（オムツ代等）が大きく支払いが続かない」などが主な記述内容となる。特徴的な記述としては、患者の多くは支払いを近親者やキーパーソンなどの第三者に任せているということである。つまり、第三者にも個別の家庭環境が存在し、その中での支払いということになる。

これまで、三つの質問について出現回数が多い語を確認しデータを概観した。特に、それぞれの質問に対する自由記述について出現回数をもとに記述内容を踏まえ詳細に見てきた。これらの三つの質問では、共通した問題が横たわっている。それは、退院後の患者の〝ゆくえ〟に関してである。退院後、家族や近親者が患者を受け入れるのか、あるいは退院や転院に対する費用は誰がどういった形で捻出するのか、といった患者の〝ゆくえ〟について担当者は危惧し、懸念している。

このような状況は、いわば患者にとっては河川の流れにただ身を任せ流れているようなものである。その先には大きな滝があるのか、岩があるのか当事者はわからない。そのまま何もなくてもそれは単に〝運がついていた〟だけである。すなわち安心できる生活が成り立つかどうかは、運の問題になる。自分の生活を運任せにしなければならないのであろうか。そこを政策という網ですくいあげるのが政治ではないだろうか。病院の担当者はこのような〝流れていく〟患者を日々見ているのであり、やり場のない徒労感は想像を絶するものがあると推察する。仮に、退院を促進し地域や自宅での療養を優先させるという方向が正しいとしても、その大前提には退院後の患者の〝ゆくえ〟が患者にとって安心できるものであることが当然で、そこが確立していない状況においては、地域包括ケアなどは到底議論できるような素地が整っていないと言わざるをえない。

データの概観では単に言葉の出現回数をみるのみであった。言葉は単語のみで使われるだけではなく、単語と単語の連関によって意味を成す。そのため、次項では、共起ネットワークを用いて、言葉と言葉がどのように連関しているのか、また、その連関の中で、どのような言葉がもっとも意味を持つのか、各質問項目について詳しく見ていく。

言葉と言葉の連関をとおして事例を分析する―共起ネットワーク―

言葉と言葉の連関に注目して三つの質問項目を分析していく。その際、共起ネットワークを描出する。共起ネットワークとは、言葉と言葉の連関をネットワーク分析にはめ込み量的にその関係を把握したものである。なお、本共起ネットワークは出現回数が多くなれば、円が大きくなるように調整している。

図20は「調整困難な事例」の共起ネットワークである。「一般」、「療養」はデータの操作化で示し

図 20 「調整困難な事例」の共起ネットワーク

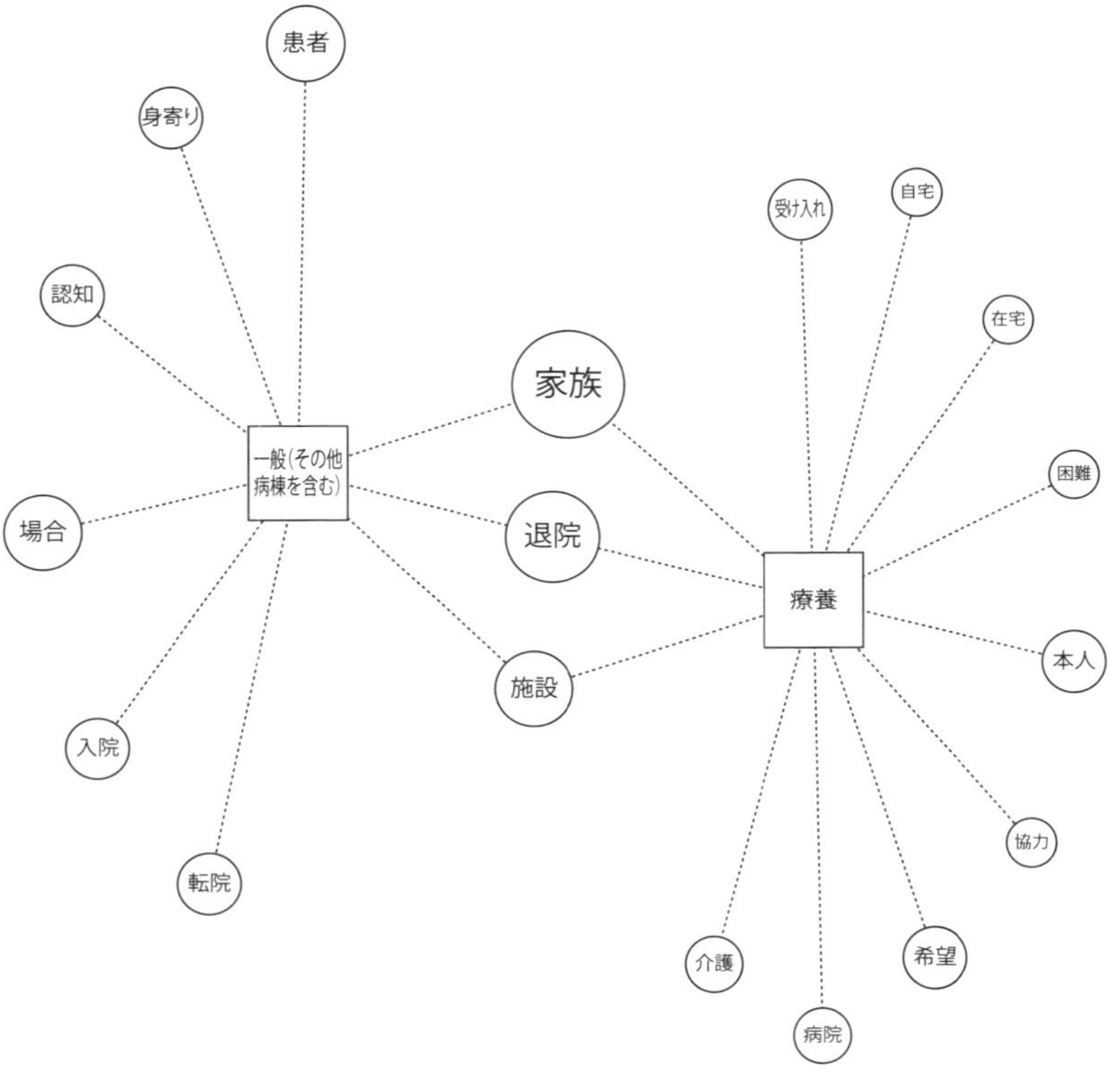

たとおりである。表14はそれぞれの領域における特徴的な語と自由回答をまとめたものになる。

一般、療養それぞれに特徴的な語として「退院」「家族」「施設」が存在する。これら、三つの語は病棟に関らず、類似性が高い語になっている。本節のデータは、「調整困難な事例」をあつかっているので、これら三つの語は、病院施設共通の困難事例ということになる。つまり、「構造的な困難さ」であるといえるであろう。これらの問題を解消しなければ、

表 14 「調整困難な事例」の特徴的な語

領域	特徴のある語	自由回答
一般	「患者」	「主治医の退院許可が出ているが、患者家族は退院したくない、一日でも長く入院していたい。」 「患者は自宅に帰りたい、家族は施設に入所してほしい、家族間で意見が異なる。」
	「転院」	「若年で家族介護力がない方で転院につなげるが家族面談に行けない」
療養	「介護」	「要介護度が低い（在宅サービスの量が限られる）本人に病識がない。」 「要介護から支援になる時の調整が難しい」
	「受け入れ」	「入院患者様の経済的な問題で独居、受け入れ先が見つからない場合」 「身寄りのないケースや家族の受け入れが難しいケースなど」
一般と療養	「家族」	「家族が病院での入院リハビリにこだわり、退院を渋る。『「一生見てほしい」と退院を渋る。』 「家族の都合で退院時期が変わってしまう」
	「退院」	「患者の家族が退院許可のI.Cを何回受けても退院に納得されないため社会資源の情報提供を行っても申込を拒否するケース」

地域包括ケアへのスムーズな移行は難しいのではないだろうか。

図21は「不安や疑問」に対する共起ネットワークである。また、表15はそれらをまとめたものになる。

一般、療養に共通した語については、「退院」「入院」が特徴的な語としてあらわれている。例えば、「入院」に関しては、「入院継続は何カ月か」や「いつまで入院させてもらえるのか」「長期入院ができるかどうかの不安」など期間に関してのものである。また「退院」に関しては、「今後のことを考えると不安である。自宅への退院は考えられない」や「退院後の生活の不安」などがあげられる。

図 21 「不安や疑問」の共起ネットワーク

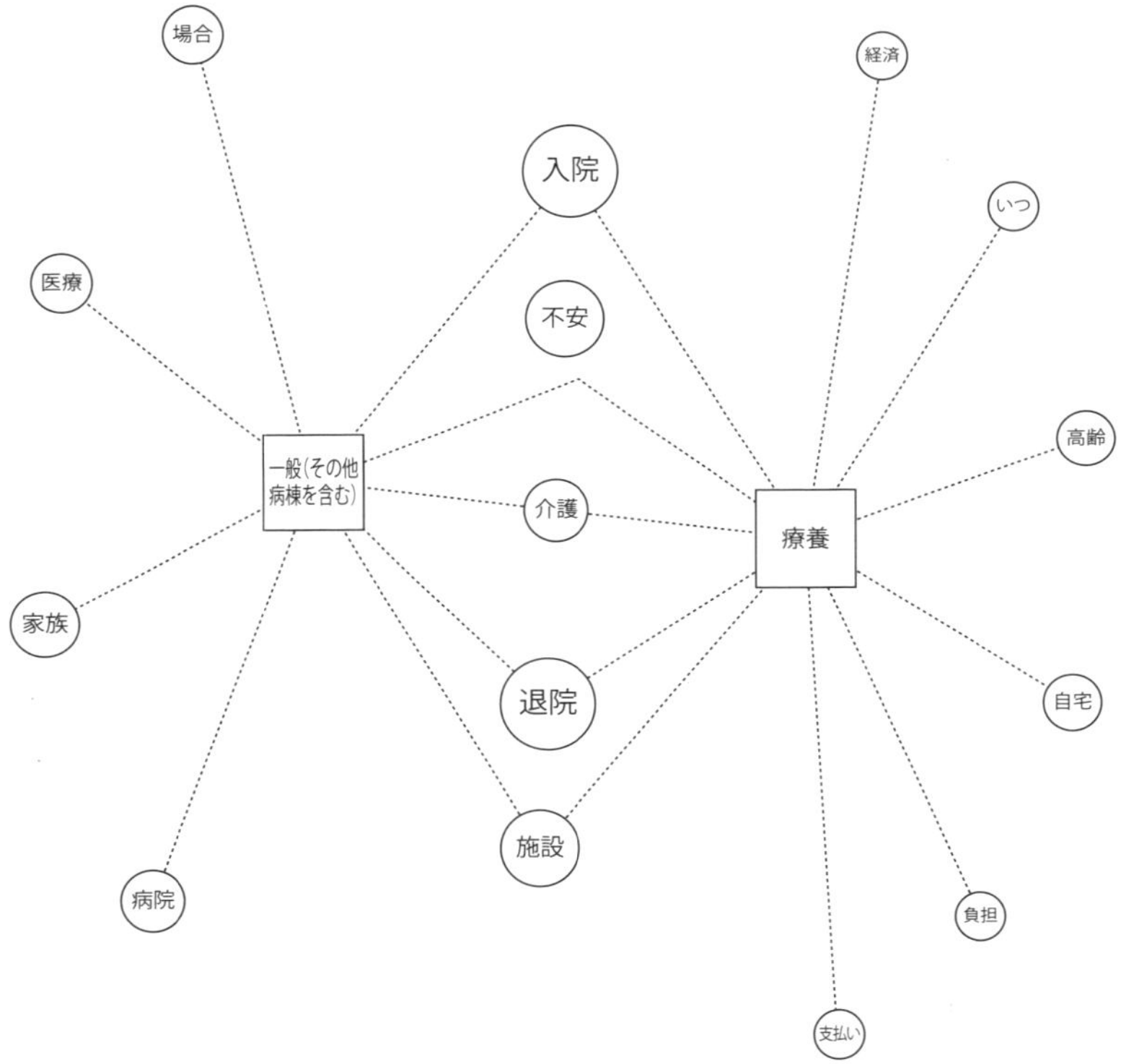

図22は「経済的な問題」の共起ネットワークである。また、表16はそれらの特徴的な語をまとめたものになる。

一般、療養ともに見られる特徴的な語としては「入院」があげられる。自由回答では「入院前からの家賃の滞納が多額に上っている」や「継続入院が必要だが費用の面で退院を希望されることがある」「生活保護へ移行するまでの間入院費用の未納が増え対応に苦慮する」などがあげられている。このように「経済的な問題」について種々の異な

表 15「不安や疑問」の特徴的な語

領域	特徴のある語	自由回答
一般	「家族」	「家族間で意見が違いどうすればいいかという相談。」 「退院後家族がサポート（経済的支援も含む）出来ない。」
	「病院」	「入院患者様が高齢な為、入退院の繰り返しで病院を移ることで負担になる。」 「救急の病院ではないため救急時の対応について」
療養	「高齢」	「高齢の患者様の一人暮らしの関する不安」 「介護者が高齢の配偶者や親であり、今後のことを考えると不安である。」
	「自宅」	「自宅への退院は考えられない」 「自宅への調整で家でみれるのかな？急変した時どうしよう・・などの不安や疑問を受ける。」
一般と療養	「退院」	「当院を退院した後の日常生活への不安が多い（認知症があっての退院等）」 「家で調子が悪くなったらどうしたらいいのか・今後の生活のこと・退院後リハビリできるのか」
	「入院」	「何故病院は「3ケ月」入院させてくれないのですかという問い。」 「介護サービスを利用していても独居生活は不安にて入院生活を継続したい」

りがみられる。大別して、入院前から続く経済的な困難と入院後に発生した経済的問題である。

②介護老人保健施設の調査からデータの概観

表17から、経済的困難な事例については、「困難」や「入所」といった語が出現回数の多い語として抽出されている。これらの語がどのような自由記述中に現れているのか、具体的にみてみる。

まず、「困難」については、「日常生活はほぼ自立されているが認知症があり独居生活難しく、介護1、2等で特養入居できず、経済的にも困難でグループホーム等入居もできず長期老健入所と

図 22　「経済的な問題」の共起ネットワーク

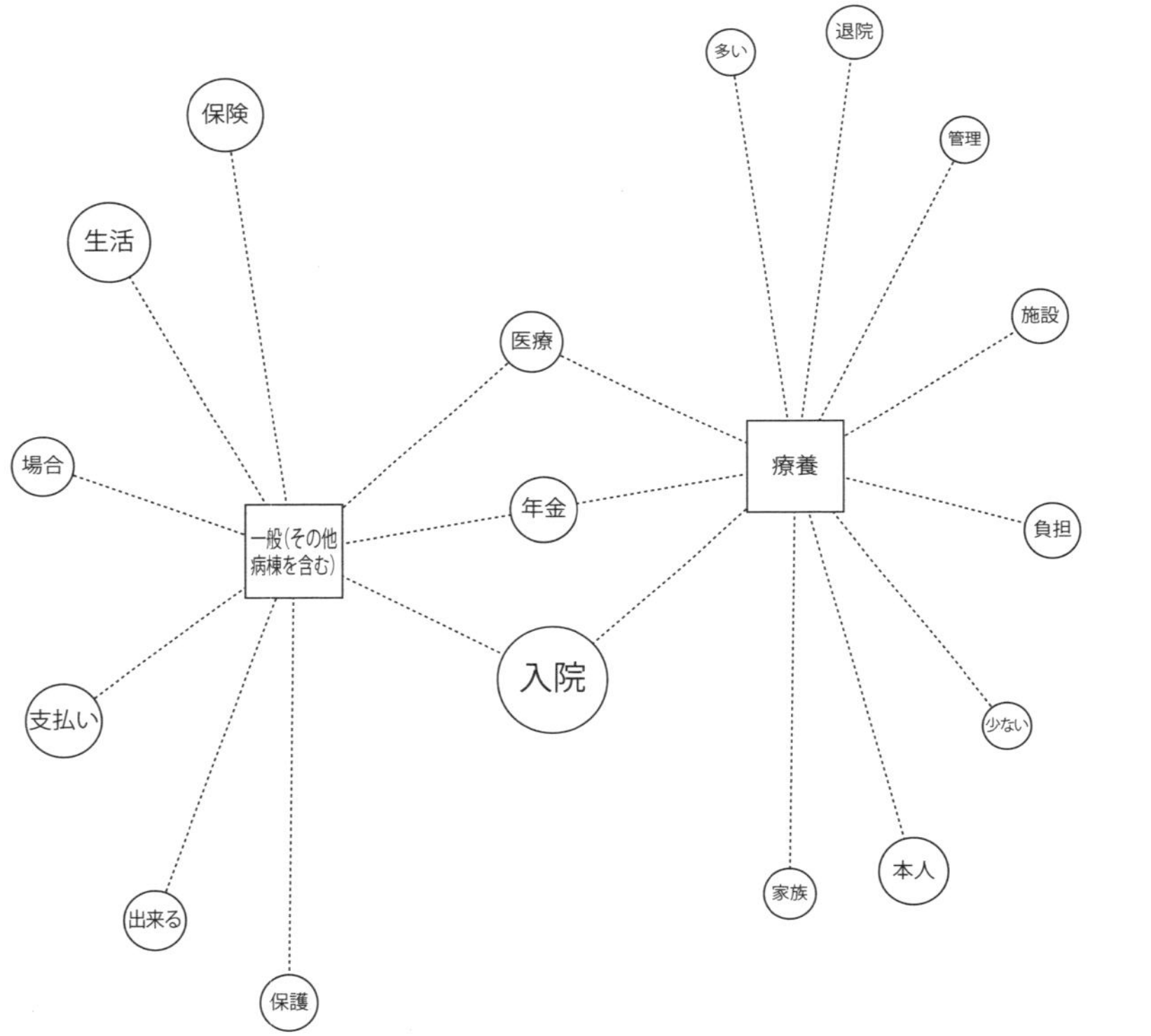

なっている」「負担限度額認定において、夫婦合算での収入が対象となったことから、負担が大きくなって入所が困難というケースが増えてきている」などがあげられる。特に、入所前や、退院に際しての事例が多くみられる。

次に「入所」については、「自宅がなく身寄りもない生活保護の方で、後見人、次の居住地がなかなか決まらず、当施設において長期の入所に至った」や「更にH28年8月からは遺族年金・障害年金も収入に含まれるということで入所困難

表 16「経済的な問題」の特徴的な語

領域	特徴のある語	自由回答
一般	「支払い」	「転居に際し入院費の支払いを依頼したが、支払い額が大きく精算せず転院、請求の連絡するも次の入院でも医療費が発生し支払い困難と言われる」 「入院費の支払いが出来ないため生命保険がおりるまで待ってほしい。」
	「生活」	「自宅は生活出来る環境ではなかったが転院や入所を勧められず難しいと分かっていながら在宅へもどられた。」 「収入が少ないが自宅での生活は困難、老健、特養を打診するもなかなか空床が出ない等」
療養	「負担」	「医療保険制度に未加入、保険料滞納・失業や無職などで自己負担金が支払えないなど。」
	「本人」	「独居で身寄りなし、銀行の通帳はあるが本人寝たきりでお金が払えない。」
一般と療養	「入院」	「継続入院が必要だが費用の面で退院を希望されることがあります。」 「病状的に入院が必要であるが金銭的入院が難しいとのことで入院のタイミングが遅れてしまうことがありました。」
	「年金」	「ご家族様管理で支払いをしているが、ご本人様の年金が足りなくて入院費未納（中には実費分）」 「家人が本人の年金等全て使いまた精神的にも問題のある方で100万円以上未払いされた。」

又は入所している方の退所というケースも出てくると思われる」などである。制度変更に伴う、入所への危惧がみられる。

一方で、医療・介護制度については、「介護」や「医療」といった語が自由回答中多く見られている。「介護」についての具体的な自由回答としては、「とにかく介護の人材不足と質の低下は介護職の社会的地位（多くは賃金）の低さが問題、それはすなわち介護報酬が見合ってないということであり処遇改善加算のような中途半端な措置では解決できない上、手間だけ強いられる状況である」や「認知症ケア加算について医療機関や通所介護での報酬に比べ介護保険施設等が行う認知症専門ケア加算の単位数があまりにも低いため次回改定で単位数見直しを望む」などがある。

図23は経済的困難に対する語の関連をみたものである。図からは、「入所」「特養」「収入」「生活」「長期」の5語が特徴的な語として挙げられている。どのようなことが語られているのか順に見ていく。

表17　頻出単語10位

経済的困難		医療・介護制度について	
抽出語	出現回数	抽出語	出現回数
困難	7	介護	9
入所	7	医療	6
多い	5	保険	6
ケース	4	利用	6
施設	4	思う	5
年金	4	報酬	5
介護	3	加算	3
経済	3	受診	3
収入	3	負担	3
生活	3	ケア	2

「入所」に関しては、「家族が引き取るにも状況が困難なケースも多く特養の特例入所も現実的には話が進まないので困っている」

「特養」と「生活」に関しては、「日常生活はほぼ自立されているが認知症があり独居生活難しく、介護1、2等で特養入居できず、経済的にも困難でグループホーム等入居もできず長期老健入所となっている」

「収入」に関しては、「認知症の方で要介護度が低い場合、年金収入が低くかつ生保が受けれないよう

図 23　「経済的困難」の共起ネットワーク

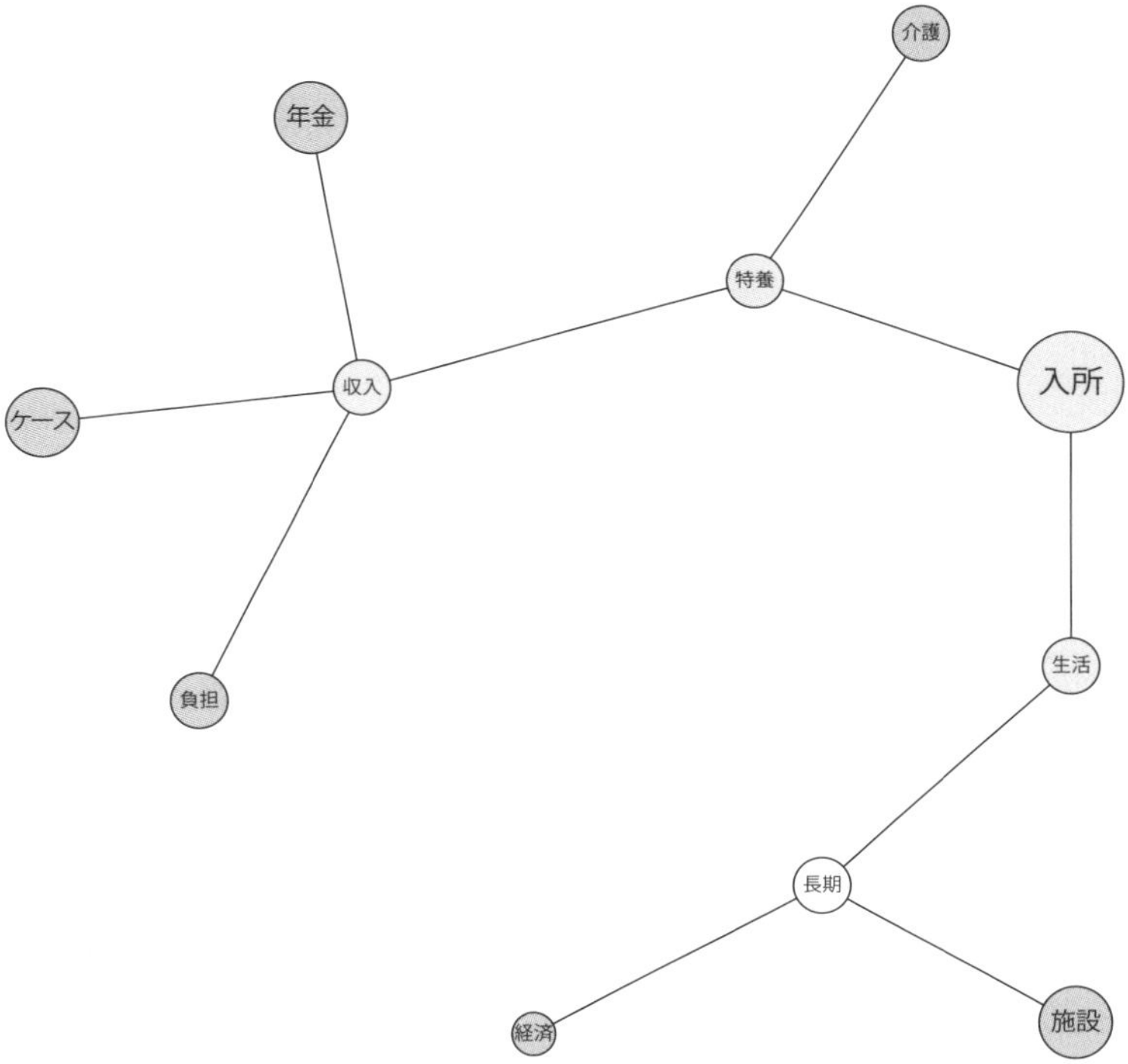

な方は全く行き場がなくなってしまう」「負担限度額認定において、夫婦合算での収入が対象となったことから、負担が大きくなって入所が困難というケースが増えてきている」

「長期」に関しては、「自宅がなく身寄りもない生活保護の方で、後見人、次の居住地がなかなか決まらず、当施設において長期の入所に至った事例が一件ありました」「医療ニーズが高くなってきたケースで病院との受け入れ調整が出来ないことがあります。（病院が長期療養を受け入れてくれないことがあるため）」

これらの語りからは、「経済的な要因によって入所が困難になる」場合と、「利用者をめぐる人間関係、病院の受け入れ態勢などから長期入所になる」場合の二つの傾向が読み取れる。これらは個別に考えるべき事例であるといえるだろう。特に、利用者をめぐる人間関係については、以前入所していた施設から利用者実態に関る情報の引き継ぎがなされないまま、新しい施設に利用者が渡されるといったことが続いており、利用者の情報の引き継ぎが急務であろうと考える。

図24は「医療・介護制度について」、語と語の関連を図示したものである。図より、「介護報酬」が特徴的な語として確認できる。

「介護報酬」に関しては、「とにかく介護の人材不足と質の低下は介護職の社会的地位（多くは賃金）の低さが問題、それはすなわち介護報酬が見合ってないと言うことであり処遇改善加算のような中途半端な措置では解決できない上、手間だけ強いられる状況である。国、あるいは地方の財源がないことは十分理解しているが、今後介護報酬の引き下げや利用者負担の引き上げを行うことは更に悪化が進むと考えられる」

この語りから、現場においては福祉の担い手問題や質の低下問題、その要因としての介護職の低賃金問題などが制度によって引き起こされている、と感じていることがうかがえる。

介護保険制度が施行される以前は、措置委託制度のもと、高齢者福祉施設等で働く介護職の賃金が支払われてきた。措置委託制度においては、委託施設の運営費として支払われる措置委託費の中

図 24　「医療・介護制度について」の共起ネットワーク

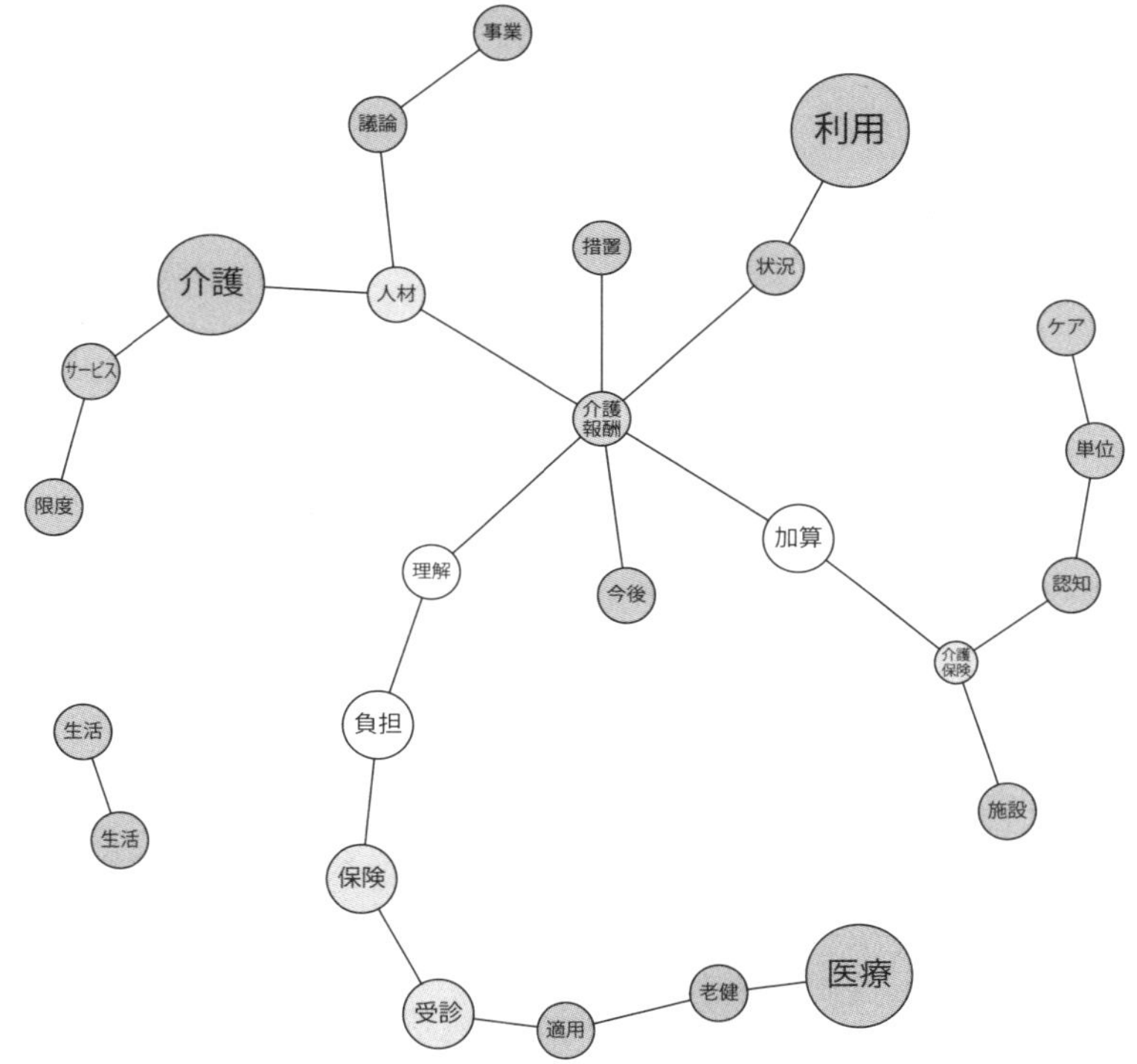

に、公務員の俸給表に準じて算定された人件費が含まれており、厚生省（当時）の通知に基づいて給与規定の整備や人事院勧告の改定を反映するよう、施設に対して自治体が指導監査を行なっていた。加えて、１９７０年代以降は人材確保難や低賃金を問題視する現場労働者による運動へと対応するため、措置委託費が改善されるとともに、都市部においては公立施設と民間施設との間にあった格差を是正する対応がなされてきた。すなわち、以上のような仕組みにおいて、介護職の賃金を保障する仕組みが形成され、少

しずつ改善されてきたのである。しかし、2000年4月以降、主に介護保険制度のもとで高齢者介護事業が行われることとなり、サービス提供の対価として介護報酬が支払われることとなった。しかし、介護報酬においては、経営の「自由化」の名目で人件費に該当する給付額が明確でなくなり、賃金保障は各事業体の裁量に委ねられることとなった。同時に、各自治体で公私間格差是正措置も廃止された。そこに、度重なる介護報酬の引き下げが、各事業体で運営費の多くを占める人件費を削減させる圧力として加わったことで、今日の介護職の低賃金問題が生じている側面がある。

すでに介護職員処遇改善交付金などの対策も打ち出されてはいるが、これ自体は公的給付を抑制しつつ賃金保障を各事業体の経営責任へと転化しようとした政策によって生じた問題への、政府による予防策と捉えられるべきであろう。このような状況でさらに改悪が進めば、福祉現場関係者の意欲が下がることは目に見えて明らかであろう。そのため、医療および介護の制度改革には細心の注意を持って臨むべきであるといえる。

（4）調査結果から浮かび上がる「地域移行・在宅生活支援」の課題

本章では、病院の入退院ならびに介護老人保健施設の入退所に関する動向を把握するために実施した調査結果を分析・考察した。入退院・入退所の調整に関わる現場従事者の解答から、政策的に進められている「地域移行」の実態と課題が明らかになったといえる。

近年の政策動向の影響を受けて、実際に病院や介護老人保健施設からの退院・退所が促進されていることは確実である。しかし他方で、病院でも老健でも患者・入所者やその家族の意向と、退院・

退所後の行先とのミスマッチが生じており、不安・不満を抱えながら「地域」や「在宅」へと押しやられていく構図がある。

また、今回の調査を通じて、上述したミスマッチが生じる要因として、家族による支援体制の問題や、低所得の問題が関連していることが明らかとなった。しかし、そうした問題によるミスマッチは今後さらに拡大していくことが予想される。第一に、高齢者の独居・老夫婦世帯や、生活保護を受給する高齢者が増加傾向にあるためである。第二に、生活保護、年金、医療、介護保険等の各種制度改革の動向においては、条件の整備どころか切り捨てともいえる状況がみられているためである。介護保険制度における「自助」としての自己負担の増大や、「互助」としての家族・地域での「助け合い」の強調がそれである。

現在、必要な治療や希望する支援が受けられない事態を、多くの人々が「自己責任」として引き受けるという状況があるように思われる。だが、必要な治療や支援が受けられず、それに伴って生じる痛みや苦しみを抱えながら生活を送らなければならない状況に置かれるとき、私たちの尊厳は守られているといえるだろうか。答えは否である。

尊厳ある生活が保障されるためには、「自助」「互助」が困難な状況に対する公的な支援を充実させていくことが不可欠である。公的な医療・介護サービスの拡充や、それらを利用するために要する費用を、いかにして公的に保障していくかが課題となる。同時に、今回のような実態把握を通じて、「地域移行・在宅生活支援」の動向にみられる問題点を明らかにし、拙速な退院・退所の促進に警鐘を鳴らし続けていくことも、今後の課題となる。

第3章　地域包括ケアと地域医療構想～高齢者の尊厳は守れるか

岡崎祐司（佛教大学社会福祉学部）

1．問題検討の視点

今、安倍政権がどういう医療改革をしようとしてるのか、その本質を明確にするということが第一の点。そのうえで、地域包括ケアシステムということがよく言われるわけですけど、そもそも地域ケアをどのような考え方や観点で作っていかなければならないのか、この二つの点について報告します。

（1）制度後退と在宅優先

まず検討の視点ですが、地域包括ケアとか地域ケア、あるいは在宅医療、在宅療養が注目されています。地域ケアというのは全ての人を在宅で見るということだけではなく、在宅での療養とケアと施設ケアが地域の中にあって、両者が地域の中で機能しているという意味です。地域ケアとはイコール在宅施設が要らないということではありませんし、入院が不要だということでもありません。

住民の多くは最後は在宅で看取られたいとか、最後まで在宅に居たいという思いはあります。その思いを達成するためには医療保障や社会的介護保障が必要なわけです。しかし、医療保障や介護保障を大きく後退させながら、在宅で最後まで居たいという願いだけをクローズアップして、在宅優先を医療の削減とか社会保障の削減に利用しているという問題があります。

（２）「自助・互助・共助・公助」～地域ケアの本質的課題があいまいに

よく地域包括ケアシステムと言う時に、自助・互助・共助・公助が強調されます。社会福祉を語る中でとにかくこの四助は出てくるわけです。これは生活の中にある原則とか考え方であって、ケアや社会福祉の本質を示すものではありません。政策側がなぜこの四助を使うのかというと、一番最初の自助に重点があるわけです。最優先は自助。だめだったら地域の助け合いの互助、だめだったら共助、一番最後に出てくる公助は最後ですよということなんですね。地域包括ケアというのはケアなんです。議論の中心はケアをどうするかということですね。ここをしっかり考えていくことです。

（３）人権として地域ケアを政策論、実践論として提起しよう

従って、個人の尊厳を守る人権としての地域ケアシステムを政策論的にも実践論的にも提起をしていくことが大事だと思いますし、そのためには、今日のこのシンポジウムのように、ケアを巡る現実、実態、問題点、これをしっかり明らかにしながら、何を大事にしながら政策を実現していくのかということが議論されなければならないと思います。

2. 安倍政権の医療制度改革

小泉改革と安倍改革の根本的な違い

その上でまず、安倍政権の医療改革がどういうことになっているのかを見てみましょう。よく小泉政権以来の社会保障費の削減を行っていると言われます。しかし、そんなもんではないと、財政削減だけではない社会保障の変質が仕掛けられています。

医療の質を根本的に変えてしまうというのが安倍改革です。医療を成長産業化させたいということがあります。そのことと同時に、公的な医療保険の中に含まれている国家の負担と企業の負担を削減し、社会保険の財政の抜本的な改革です。医療の中に営利主義を浸透させていくということと、社会保険に関する国家の財政負担と企業の財政負担を減らしていく。このことを両立するというのが安倍政権の医療改革の至上命題で、これを強烈に進めています。そのために何をするのかというと、一つは医療費の削減です。そのために病院の病床ベッド、保険医師の数、ドクターの診療行為の内容を、統制的にどう縛るかに力が注がれている。安倍改革というのは、多国籍企業が儲かるような社会をつくる新自由主義改革ですが、医療改革は統制主義的側面が強められているのです。このことを明確に認識しておく必要があると思います。

これは小泉政権とちょっと質が違います。都道府県を医療費削減の主体として仕上げていく。あるいは、安倍政権が考えている成長産業化する医療の主体としての医療法人の在り方を変えていく。今日のメインテーマではないのですが、ホールディングカンパニー型の法人の検討が行われたのは、これも医療経営の在り方を統制的に成長産業化していく、安倍医療改革に従わせていく、それに追従できるような医療経営にしていくということなんですね。

（１）安倍政権の医療制度改革の「三つの矢」

具体的に何をやろうとしているのか。安倍政権の医療制度改革の三つの矢、この三つの矢というのは私が指摘していることです。

都道府県ごとの医療費目標管理という新段階の医療費抑制（削減）策

一つは都道府県ごとの医療費目標管理という新段階の医療費抑制削減策です。

国民医療費が年間40兆円を超えたというような記事が新聞に出てきます。今までの制度改革というのは日本全体の社会保険診療を中心にした医療費がこれだけになっているから、それを抑制するために窓口負担を引き上げるとか、あるいは診療報酬を改定するといったことをやってきたわけです。

しかし、新自由主義改革派にとってこれはまどろっこしい。もっと直接的に医療費を管理すべきなんだと。どうするのかというと、都道府県ごとに医療費目標を明確に設定して、それに向かって都道府県ごとに医療費を削減できるような方策を取らせるべきだということです。この議論が経済財政諮問会議とか財務省の財政制度等審議会とか、こういう場で数年前から本格的に議論をされてきました。

それで今進めようとしているのは都道府県ごとに2025年の医療費目標を設定して、それに向かって削減していく方策をもっと強化する。例えばそれができなければ、できない都道府県については診療報酬を下げるということです。

医療提供体制の改変―医療計画＋病床機能報告＋地域医療構想

二つ目は、そのためには医療の提供体制の改革をしなければならない。提供体制というのは、そこに病院がある、診療所がある、ドクターがいる、ナースがいる、OT（作業療法士）、PT（医学療法士）とかさまざまな医療の専門職がいるというこの状況ですね。私たちは保険証1枚持っていれば旅行先であろうがどこであろうが、診療所や病院にかかることができる。つまりフリーアクセスが保障されています。医療というのは、地域に診療所があるから需要になるんです。地域に病院も診療所もなかったらどんな病気になっても患者になれない。身近にかかれる医療機関がある、歯科・医科含めて診療所があるということが非常に重要です。

しかし、新自由主義改革派にしてみれば、そこに病院や診療所があるから医療費がかかる。だから提供体制を改変しようということになるんですね。それで、医療計画の一環として地域医療構想、つまり2025年に向けてどのぐらいの病院の病床のベッドがいるのかということを構想し、これに向かって医療計画の中身を変えていく。当面は病床ベッドが議論されていますが、ベッドだけにとどまらず、医師数と外来受診の制限も提起される可能性がある。

今は医師が地域で開業するのは自由だし、自由標榜制と言いまして、何科を名乗るのかは自由です。これを制限したいわけです。提供体制の制限をしたいということが二つ目です。

保険者機能の強化―国民健康保険の都道府県運営、保険者協議会

そして三つ目は保険者機能の強化です。医療というのは医師が診察したものを保険として給付するわけです。しかし、新自由主義改革派にとっては、医師のこの権限を制限したいのです。

マネージドケアというアメリカの民間保険会社が持つ機能があります。マネジードケアというのは民間保険会社が加入者の利益を守るという名目で、加入者がドクターの診察を受けた内容について保険者があれこれ注文を付けます。なぜかというと無駄な保険給付をすることになるからチェックをするわけです。これをやっていきたい。

保険者権限、保険者機能を強化して、レセプトデータを診療所のデータを見ながらあれこれ注文を付けるルートを作っていきたいわけです。財政問題もあるけれども、保険者機能強化に込められた意味は、医療について保険者の側がチェックする体制をもっと強化することです。

もちろん今でも診療所・病院で診察したデータというのは審査されて返ってくるから、病院・診療所の診察というのは勝手にいろんなことができるというわけじゃないんです。では保険者が口を出すためにどうするかというと、保険者がバラバラでは力がないので、保険者を統合したいわけです。都道府県ごとに医療費の目標を管理するとすれば、要は医療を都道府県で完結しない限りこれはできないわけです。

今、保険者はバラバラです。国保は一応都道府県単位になりますが、みなさんの入っている保険

も協会健保もあれば健保組合もある。これがバラバラだと保険者機能の強化ができません。だからこれを統合したいという思惑があります。いずれ保険者統合の話が出て来るでしょう。

ホールディングカンパニー型法人による医療経営

いわゆるホールディングカンパニー型の法人というのは、いくつかの医療法人が一つのホールディングの下で連携していくわけです。もし、このホールディングができれば、そのホールディングが保険者と一体となって医療費のために動き抑制し、経営サイドで医療の在り方を変えていこうということになるかもしれない。

（2）社会保障削減・改変の司令塔―経済財政諮問会議、財政制度等審議会

経済財政諮問会議でも、医療費の地域差是正が強調されます。何かというと、都道府県ごとに医療費が違います。1人当たりの医療費も、入院医療費も違う。

都道府県ごとに外来診療での医療費の差が1人当たりこれくらいあるとか、1人当たり入院費がこれくらい違うとか、都道府県ごとに差が出ます。都道府県ごとになぜ差があるのか、おかしいじゃないか、不合理だというのが財政諮問会議の判断です。しかし非科学的な話です。医療費の差があるのは当たり前のことです。

例えば災害が発生した地域で医療費が跳ね上がって来るのは当然のことだし、高齢者が多い地域で多いのも当然だし、在宅でケアをする条件がなくてどうしても入院が多くなる地域で入院医療費

が上がる。地域差があるのは地域事情とか背景があるのです。これは２０１６年、今年の今年度の骨太の方針の一節ですけど、こう言っています。

「医療費の地域差半減に向けて医療費適正化基本方針にかかる追加検討を進め地域医療構想に基づく病床機能分化・連携の成果を反映させる入院医療費の推計方法、入院外来推計医療費の推計方法、医療費適正化にかかる具体的取り組み内容を夏までに示す」。さらに「医療従事者の需給の見通し、地域偏在対策等について検討を進め、年内にまとめる。医師については、地域医療構想等を踏まえ、規制的手法も含め地域偏在・診療科偏在に対する対策を検討する」

５月の第８回経済財政諮問会議で厚生労働大臣は「医師の地域偏在・診療科偏在の解消に向けた強力な取り組みも推進する」とか、医師養成課程の最後で「医療計画に確固すべき医師の目標値を設定した」「医師確保計画を策定する」とか、「医師偏在等が続く場合に保険医の配置定数の設定等を検討する」などと言っています。

３．策定された地域医療構想

（１）地域医療構想における報告病床数と必要病床数

このように医療提供体制を大きく変えようとしていて、その中で地域医療構想が作られています。病床地域医療構想というのは将来のベッドの数がどのぐらい必要なのかを見ようとするわけです。病床機能区分と言いますが、高度急性期、急性期、回復期、慢性期という区分をして、それぞれの病院が病床機能をこれからどうするのかという報告を出すことになったわけです。病床機能報告を踏まえながら、地域医療の今後の予測をするというわけです。そして単に病院が出した数を合わせただけではなく、病床稼働率、つまりどのくらい病床を稼働させるかをださせます。

今はある意味ではまだ緩やかで、各医療法人が病床機能報告を出して、それをベースに将来の2025年に必要な病床数をカウントし、そこに向かって調整していきますという話になっているわけですが、あくまで今の段階の話であって、さらにこの安倍政権の医療改革の統制主義がもっと強まっていけば、もう一段、二段厳しい形で医療機関の病床の削減というのが行われることになるし、それは医療経費そのものを非常に厳しく抑制する可能性があります。

そして新自由主義改革派がターゲットにしているのは病床だけではありません。外来の制限、開業の制限が出て来る可能性もある。財政制度等審議会でも「外来の医療費が高い」という指摘もでています。でも日本の外来の診療費が非常に高いわけではありません。

（2）策定された各都道府県の地域医療構想をどうつかむか

しかし、全てが安倍政権の思惑通りに都道府県が医療構想を作っているわけではありません。都道府県の職員は地域の医療の実態を知っていますから、地域医療構想策定の中で、各都道府県はいろいろな議論をしています。

地域医療構想の検討会の審議録を見ると非常に面白い。地域医療構想審議会の議事録を丁寧に読んで、関係者がどういう問題意識を持ってそこに取り組んでいるのか、どこに矛盾や問題点を感じているのかということをよく掴む必要があります。

都道府県の地域医療構想の中には、「あくまで各地域や医療機関において今後の在り方を検討するための指標ですから、構想に記載していた病床の必要量は将来必要とされる医療機能を把握し不足している機能を今後どのように解消して行くのか判断するための目安であって病床の削減を要請するものではありません」と書いているところもあります。やはり地域で医療に携わる人たちはいろんな矛盾、問題点を感じているわけです。

例えば地域医療計画では精神科の救急は不足しています。本当に地域の医療ニーズを把握しながら必要な医療の在り方を医療関係者と共に提起していく必要性があるだろうと思います。

4．地域包括ケアシムテムを問い直す

（1）「生活の質」「人の尊厳」から地域ケアを問い直す

地域包括ケアシステムにかかわって、自助・互助・共助・公助がよく出てきますが、これでは地域ケアの本質はつかめません。

地域ケアの中核は、医科・歯科の医療、そして地域生活を継続させていくという点で、社会福祉のさまざまなサービスということになります。これを制度的にどう保障するか。医科・歯科の医療というのは生活の継続と共に、終末の在り方にもかかわります。終末をどこでどう迎えるかという観点から、どのような医療の在り方が望ましいのかということを問い直す視点も必要です。

図 25　生活におけるケアをとらえる

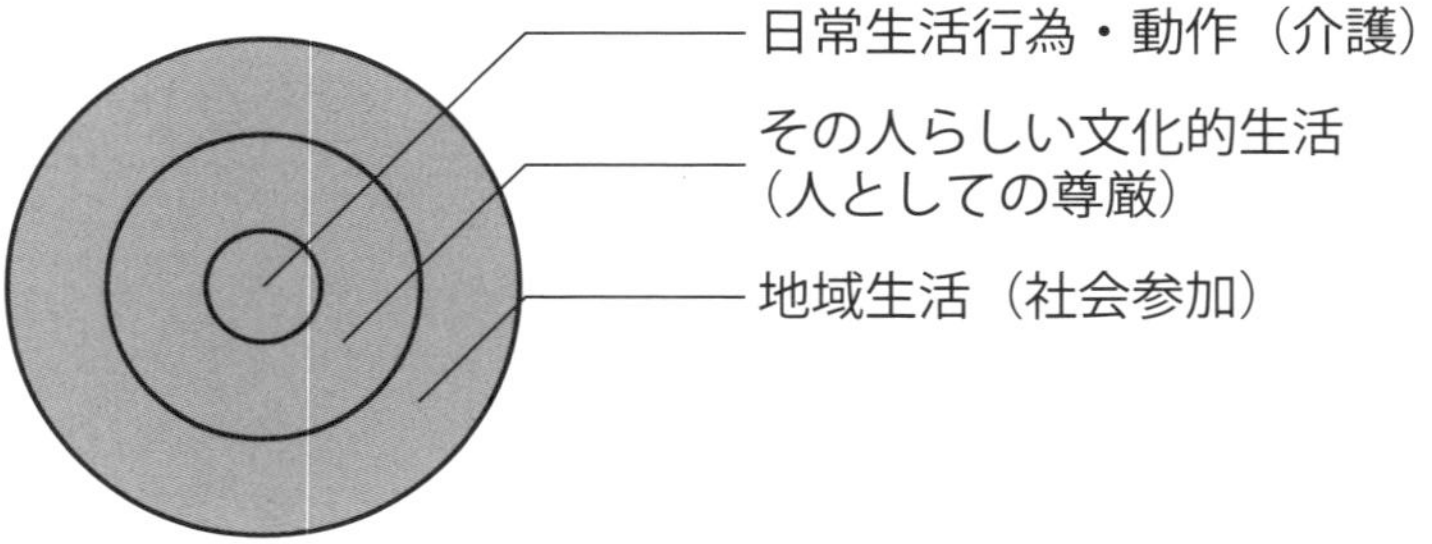

（2）生活におけるケアをどうとらえるか

生活におけるケアをどうとらえるか。上の図はケアの全体を示したものです。医療があっても、生活のケアがなければ生活は成り立ちません。

排泄、食事、入浴、服を着替えるなど、コアにあるのはやっぱり日常生活行為動作というケアです。生活を作っていく基本です。

（3）生活に寄り添うケアとは

例えば排泄は、障害を持つ人、病気のある人にとって、順調にいくかどうかが1日の生活の基本ベースとなっていきますし、それがどう行われるかということを評価をした上で、必要な空間を作っていかなければなりません。

実はケアを受けている人は、排泄を本当は自分でやりたいわけです。でも他者のケアを必要とする。そこに葛藤を持つわけです。ケアというのは、人が抱える葛藤、不信感、拒否感、自信を失う気持ち、引きこもりの傾向、要求の抑制、あるいは孤立、生活の困難。それらに寄り添って生活を継続させていくのが本質です。単なる行為ではありません。人が抱えている困難とそのことによってもたらされる心情に寄り添っていく、人間をトータルで捉えるということが重要な専門性の一つです。

排泄にしろ食事にしろ、それは一時的なことではなくて、毎日毎日続いていくということです。家族介護というのはそこを毎日やっていくしんどさがあって、家族だから排泄介護ができるというわけではないのです。ケアの専門性をしっかり評価することが必要です。

5．地域包括ケアシステムをどう作るか

（1）地域包括ケア推進の原則

地域ケアと地域医療

地域ケアを進めていく上で歯医者さんや歯科衛生士さんによる口腔ケアは重要です。これ抜きにはできません。最後まで自分の口で食べられる、最後まで流動食とか、形のわからない軟食ではなくて、自分で食べられることは重要です。そのためには医科・歯科の診療所、中小病院の役割をちゃんと評価をし位置づけるべきです。歯科医師も在宅医療に取り組めるような条件を制度的にちゃんと保障していくことです。

医療・生活を支えるケアと居住保障

二つ目に、居住保障、居住の問題が重要です。今、サ高住（サービス付高齢者住宅）が非常にた

	都道府県	区分	高度急性期	急性期	回復期	慢性期	合計	
24	三重県	2014病床機能報告	1,782	8,663	1,417	4,346	16,453	無回答あり
		2025必要病床数	1,422	4,259	4,378	3,525	13,584	
		差引	-360	-4,403	2,961	-851	-2,869	
25	滋賀県	2014病床機能報告	2,144	5,667	1,255	3,191	12,466	2015年度　無回答あり
		2025必要病床数	2,156	5,460	1,826	2,886	12,419	
		差引	12	-207	571	-305	-47	
26	京都府	2014病床機能報告	4,853	12,386	2,462	9,305	29,006	
		2025必要病床数	3,187	9,543	8,542	8,685	29,957	
		差引	-1,666	-2,843	6,080	-620	951	
27	大阪府	2014病床機能報告	11,587	43,635	7,262	22,987	85,471	無回答あり
		2025必要病床数	11,789	35,047	31,364	23,274	101,474	
		差引	-202	-8,588	24,102	287	16,003	
28	兵庫県	2014病床機能報告	5,053	28,747	4,508	14,811	53,117	
		2025必要病床数	5,901	18,257	16,532	11,765	52,456	
		差引	848	-10,490	12,028	-3,046	-662	
29	奈良県	2014病床機能報告	1,419	7,022	1,832	3,429	14,053	2015年度　休棟あり
		2025必要病床数	1,275	4,374	4,333	3,081	13,063	
		差引	-144	-2,648	2,501	-348	-990	
30	和歌山県	2014病床機能報告	1,684	5,874	1,171	3,577	12,540	分類不明あり
		2025必要病床数	885	3,142	3,315	2,134	9,506	
		差引	-799	-2,732	2,144	-1,443	-3,034	
31	鳥取県	2014病床機能報告	1,176	3,195	912	1,819	7,152	2015無回答あり
		2025必要病床数	583	2,019	2,137	1,157	5,896	
		差引	-593	-1,176	1,225	-662	-1,256	
32	島根県	2014病床機能報告	一般	6,634	療養	2,171	9,175	2016年度　区分異なる
		2025必要病床数	612	2,168	2,002	1,787	6,569	
		差引						
33	岡山県	2014病床機能報告	5,013	9,267	2,535	6,122	23,513	無回答あり
		2025必要病床数	2,249	6,838	6,480	4,607	20,174	
		差引	-2,764	-2,429	3,945	-1,515	-3,339	
34	広島県	2014病床機能報告	4,787	14,209	3,284	10,368	32,648	
		2025必要病床数	2,989	9,118	9,747	6,760	28,614	
		差引	-1,798	-5,091	6,463	-3,608	-4,034	
35	山口県	2014病床機能報告	2,628	7,340	2,084	9,686	22,273	無回答あり
		2025必要病床数	1,323	4,508	4,674	5,384	15,889	
		差引	-1,305	-2,832	2,590	-4,302	-6,384	
36	徳島県	2014病床機能報告	1,514	3,667	1,690	5,285	12,156	
		2025必要病床数	718	2,393	3,003	2,880	8,994	
		差引	-796	-1,274	1,313	-2,405	-3,162	
37	香川県	2014病床機能報告	1,196	6,367	1,096	3,611	12,270	
		2025必要病床数	1,046	3,386	3,396	2,284	10,112	
		差引	-150	-2,981	2,300	-1,327	-2,158	
38	愛媛県	2014病床機能報告	2,193	8,844	1,783	6,374	19,194	
		2025必要病床数	1,326	4,724	4,893	3,879	14,822	
		差引	-867	-4,120	3,110	2,495	-4,342	
39	高知県	2014病床機能報告	895	5,482	1,642	6,882	15,133	無回答あり
		2025必要病床数	812	2,848	3,293	4,284	11,237	
		差引	-83	-2,634	1,651	-2,598	-3,896	
40	福岡県	2014病床機能報告	8,128	27,967	8,856	23,340	68,291	2015年度
		2025必要病床数	7,317	21,314	21,123	15,629	65,383	
		差引	-811	-6,653	12,267	-7,711	-2,908	
41	佐賀県	2014病床機能報告	674	5,752	1,213	4,731	12,370	2013年度
		2025必要病床数	697	2,638	3,099	2,644	9,078	
		差引	23	-3,119	1,886	-2,087	-3,292	
42	長崎県	2014病床機能報告	1,643	9,952	2,940	6,811	21,346	
		2025必要病床数	1,454	5,397	5,657	4,342	16,850	
		差引	-189	-4,555	2,717	-2,469	-4,496	
43	熊本県	2014病床機能報告	2,578	11,512	4,623	12,002	30,715	2015年度
		2025必要病床数	1,875	6,007	7,050	6,092	21,024	独自試算あり
		差引	-703	-5,505	2,427	-5,910	-9,691	
44	大分県	2014病床機能報告	1,327	10,216	2,127	3,842	18,804	無回答あり
		2025必要病床数	1,295	4,908	5,391	3,055	14,649	
		差引	-32	-5,308	3,264	-787	-4,155	
45	宮崎県	2014病床機能報告	760	8,123	1,460	3,824	14,186	無回答あり
		2025必要病床数	999	3,355	4,016	2,666	11,036	
		差引	239	-4,768	2,556	-1,158	-3,150	
46	鹿児島県	2014病床機能報告	1,478	12,174	3,769	8,457	26,760	無回答あり
		2025必要病床数	1,540	5,534	7,048	5,822	19,944	
		差引	62	-6,640	3,279	-2,635	-6,816	
47	沖縄県	2014病床機能報告	1,758	6,258	1,498	3,747	13,261	2015年度　非稼働除く
		2025必要病床数	1,831	5,428	4,674	3,348	15,282	
		差引	73	-830	3,176	399	2,021	

表 18　地域医療構想都道府県別比較

	都道府県	区分	高度急性期	急性期	回復期	慢性期	合計	
1	北海道	2014病床機能報告	7,634	35,051	5,599	25,686	75,092	無回答あり
		2025必要病床数	7,350	21,926	20,431	23,483	73,190	
		差引	-284	-13,125	14,832	-2,203	-1,902	
2	青森県	2014病床機能報告	1,616	8,098	1,438	3,074	15,313	無回答あり
		2025必要病床数	1,157	4,070	4,238	2,362	11,827	
		差引	-459	-4,028	2,800	-712	3,486	
3	岩手県	2014病床機能報告	2,083	6,388	1,547	3,555	13,859	無回答あり
		2025必要病床数	1,030	3,333	3,696	2,617	10,676	
		差引	1,053	2,580	-1,788	1,061	3,164	
4	宮城県	2014病床機能報告	3,173	11,334	1,525	3,994	20,324	無回答あり
		2025必要病床数	2,265	6,604	6,005	3,907	18,781	
		差引	-908	-4,730	4,480	-87	-1,593	
5	秋田県	2014病床機能報告	675	6,559	1,186	2,857	11,277	2015年度
		2025必要病床数	902	3,255	2,544	2,442	9,143	
		差引	227	-3,304	1,358	-415	-2,134	
6	山形県	2014病床機能報告	1,153	6,158	1,665	2,436	11,716	2015年度
		2025必要病床数	951	3,080	2,834	2,242	9,107	
		差引	-202	-3,078	1,169	-194	-2,609	
7	福島県	2014病床機能報告	1,219	12,140	1,699	4,229	20,312	無回答あり
		2025必要病床数	1,538	5,380	5,157	3,322	15,397	
		差引	319	-6,760	3,458	-907	-4,915	
8	茨城県	2014病床機能報告					17,890	2013年度　基準病床数
		2025必要病床数	2,178	7,445	7,117	5,015	21,755	基準病床比較
		差引					3,865	参考　許可病床数
9	栃木県	2014病床機能報告	3,739	7,782	1,258	4,365	17,497	無回答あり
		2025必要病床数	1,728	5,385	5,179	3,166	15,458	
		差引	-2,011	-2,397	3,921	-1,199	-2,039	
10	群馬県	2014病床機能報告	2,320	10,378	2,027	5,473	20,198	2015年度
		2025必要病床数	1,700	5,472	6,067	4,339	17,578	
		差引	-620	-4,906	4,040	-1,134	-2,620	
11	埼玉県	2014病床機能報告	6,389	24,674	4,023	12,552	50,023	2015年度
		2025必要病床数	5,528	17,954	16,717	14,011	54,210	
		差引	-861	-3,720	12,694	1,459	4,187	
12	千葉県	2014病床機能報告	6,808	23,255	3,705	10,624	44,392	
		2025必要病床数	5,650	17,851	15,260	11,243	50,004	
		差引	-1,158	-5,404	11,555	619	5,612	
13	東京都	2014病床機能報告	23,427	48,327	8,577	23,075	103,406	2015年度
		2025必要病床数	15,853	42,302	34,674	21,054	113,883	
		差引	-7,574	-6,025	26,097	-2,021	10,477	
14	神奈川県	2014病床機能報告	12,137	28,658	4,958	14,487	61,763	2015年度　無回答あり
		2025必要病床数	9,419	25,910	20,934	16,147	72,410	
		差引	-2,718	-2,748	15,976	1,660	10,647	
15	新潟県	2014病床機能報告	3,587	10,725	1,469	6,539	22,320	
		2025必要病床数	1,661	5,730	5,709	5,183	18,283	県独自の必要量試算あり
		差引	-1,926	-4,995	4,240	-1,366	-4,037	
16	富山県	2014病床機能報告	1,520	6,121	769	5,565	14,255	
		2025必要病床数	930	3,254	2,725	2,648	9,557	
		差引	-590	-2,867	1,956	-2,917	-4,698	
17	石川県	2014病床機能報告	2,218	6,878	1,022	5,167	15,285	
		2025必要病床数	1,226	3,929	3,695	3,050	11,900	
		差引	-992	-2,949	2,673	-2,117	-3,385	
18	福井県	2014病床機能報告	1,293	4,661	940	2,802	10,068	
		2025必要病床数	735	2,576	2,646	1,634	7,591	
		差引	-558	-2,085	1,706	-1,168	-2,477	
19	山梨県	2014病床機能報告	1,178	3,914	928	2,348	8,368	
		2025必要病床数	535	2,028	2,566	1,780	6,909	
		差引	-643	-1,886	1,638	-568	-1,459	
20	長野県	2014病床機能報告	2,544	9,938	2,227	3,801	18,519	2015年度
		2025必要病床数	1,907	6,551	5,121	3,260	16,839	
		差引	-637	-3,387	2,894	-541	-1,680	
21	岐阜県	2014病床機能報告	869	2,757	2,201	1,247	7,074	2013年度　無回答あり
		2025必要病床数	575	1,971	1,805	1,013	5,364	
		差引	-294	-786	-396	-234	-1,710	
22	静岡県	2014病床機能報告	6,005	12,055	2,581	9,142	29,783	
		2025必要病床数	3,160	9,084	7,903	6,437	26,584	
		差引	-2,845	-1,116	5,322	-2,705	-3,199	
23	愛知県	2014病床機能報告	12,675	24,756	5,925	13,455	56,811	2015年度
		2025必要病床数	6,907	20,613	19,480	10,773	57,773	
		差引	-5,768	-4,143	13,555	-2,682	962	

図 26

大阪府地域医療構想（大阪府保健医療計画別冊）概要

平成 28 年 3 月
大阪府

1　地域医療構想策定の背景

○平成 37 年（2025 年）に団塊の世代の全てが 75 歳以上となるなど、高齢化の一層の進展により、医療・介護を含めた社会保障制度を取り巻く状況は大きく変化していく。
今後、高齢化が進み、医療・介護ニーズの増加や多様化への対応が求められるため、限られた医療・介護資源を有効に活用し、必要なサービスを確保する必要がある。
○こうした中、平成 26 年（2014 年）の通常国会で成立した「医療介護総合確保推進法」により医療法が改正され、患者の状態に応じた医療機能の分化・連携や在宅医療の充実等を推進し、高度急性期から在宅医療まで切れ目なく、地域において効果的かつ効率的な医療提供体制を構築するために、都道府県に現行の保健医療計画の一部として地域医療構想の策定が義務付けられた。

2　大阪府における高齢化の進展

○大阪府では高度経済成長期の大量流入や第 1 次ベビーブーム世代の高齢化等から平成 22 年（2010 年）の 75 歳以上の人口約 84 万人が、平成 37 年（2025 年）には約 153 万人となり、約 70 万人が増加（+81.3%）する。これは全国平均の+53.5%と比べて極めて高く、全国第 4 位の高水準となる。

		平成 22 年（2010 年）	平成 37 年（2025 年）	平成 52 年（2040 年）
75 歳以上	人口	84 万人	153 万人	147 万人
	割合	9.5%	18.2%	19.7%

3　構想の内容

① 平成 37 年（2025 年）の二次医療圏別の医療需要と必要病床数の推計
② 将来のあるべき医療提供体制を実現するための施策
・医療機能の分化・連携のための施設整備等
・在宅医療の充実と医療従事者の確保・養成
・地域医療介護総合確保基金の活用方策

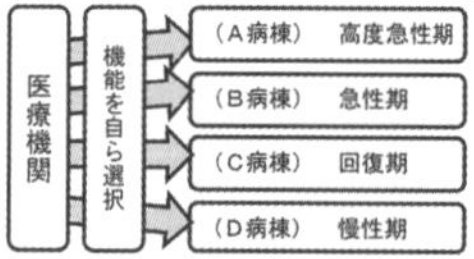

4　構想の構成

・第 1 章　地域医療構想の基本的事項
・第 2 章　大阪府の現状
・第 3 章　地域医療構想策定の検討体制
・第 4 章　医療需要・必要病床数の推計と構想区域の設定
・第 5 章　将来あるべき医療提供体制を実現するための施策の検討
・第 6 章　地域医療構想策定後の実現に向けた取組み
・第 7 章　まとめ（今後留意すべき点）
・構想区域編、資料編

5　医療需要・必要病床数の推計［平成 37 年（2025 年）］　（上段：人／日、下段：床）

区分		高度急性期	急性期	回復期	慢性期	計
大阪府	医療需要	8,842	27,335	28,228	21,411	85,816
	必要病床数	11,789	35,047	31,364	23,274	101,474
豊能	医療需要	1,077	3,154	3,219	2,227	9,677
	必要病床数	1,436	4,044	3,577	2,421	11,478
三島	医療需要	717	2,309	2,507	2,217	7,750
	必要病床数	956	2,961	2,786	2,410	9,113
北河内	医療需要	897	3,369	4,060	2,837	11,163
	必要病床数	1,197	4,319	4,511	3,083	13,110
中河内	医療需要	493	1,890	2,483	1,173	6,039
	必要病床数	657	2,424	2,759	1,275	7,115
南河内	医療需要	611	1,962	1,688	1,750	6,011
	必要病床数	814	2,515	1,875	1,902	7,106
堺市	医療需要	744	2,440	2,314	2,945	8,443
	必要病床数	991	3,128	2,571	3,202	9,892
泉州	医療需要	745	2,198	2,361	2,321	7,625
	必要病床数	993	2,818	2,623	2,523	8,957
大阪市	医療需要	3,558	10,013	9,596	5,941	29,108
	必要病床数	4,745	12,838	10,662	6,458	34,703

※慢性期の医療需要・必要病床数は、パターンB（豊能、三島、北河内、中河内、南河内、大阪市）、特例（堺市、泉州）により算出。

6　必要病床数と病床機能報告の比較

○病床機能報告は、医療法に基づき毎年度（平成 26 年～）医療機関が病棟単位で、高度急性期、急性期、回復期、慢性期の 4 つの医療機能の中から 1 つずつ選び都道府県に報告を義務付け。
○必要病床数と病床機能報告数とを毎年度比較検討し、不足する医療機能の充実を検討、協議する。
・現状では、高度急性期と慢性期は、ほぼ均衡。急性期は過剰、回復期は大きく不足。
・今後、不足する回復期機能の充実が必要。
・府内では約 9 割が民間医療機関であり、公民における構想区域単位での医療機関の自主的な取組みの協議により充足を図っていく。

（医療施設調査平成 26 年 10 月 1 日現在）

民間病院の割合	医療機関数	病床数
大阪府	90.6%	80.2%
全国	81.6%	71.1%

○また、必要病床数と現状の病床機能報告数とを比較すると平成 37 年（2025 年）には約 1 万床が不足する推計結果。
・現状では、既存病床数が、保健医療計画に定める基準病床数（医療法に基づく算定数）を超えるため増床はできない。

医療機能	平成 37 年(2025 年) 必要病床数(床)	平成 26 年 7 月 病床機能報告(床)	差引（床）
高度急性期	11,789	11,587	△202
急性期	35,047	43,635	+8,588
回復期	31,364	7,262	△24,102
慢性期	23,274	22,987	△287
計	101,474	85,471	※△16,003
（未報告含む）		(91,378)	(△10,096)

※病床機能報告では約 6,000 床が夫報告又は無回答

7　地域医療構想区域の設定

構想区域は二次医療圏を基本とするが、4 医療機能ごとに医療圏域内の医療需要を検証
・府域は医療資源が充実し、広域的な都市網を形成。
・概ね二次医療圏において医療需要が満たされている。→ 二次医療圏を構想区域に設定

構想区域のイメージ

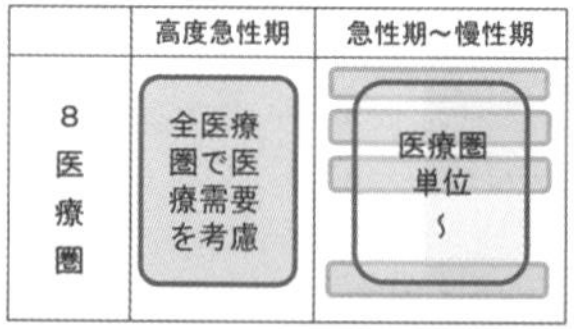

平成 37 年（2025 年）居住地で入院する患者の割合（医療機能別）

二次医療圏	高度急性期	急性期	回復期	慢性期
豊能	71.2%	75.8%	75.6%	60.9%
三島	74.8%	80.5%	81.3%	79.2%
北河内	72.8%	80.7%	82.1%	77.1%
中河内	53.9%	66.0%	70.8%	57.5%
南河内	71.9%	78.2%	74.7%	73.0%
堺市	70.1%	77.7%	78.2%	79.2%
泉州	76.4%	81.4%	83.3%	83.4%
大阪市	87.3%	88.3%	85.9%	77.9%

8　在宅医療等の推進

○在宅医療等の医療需要の推計［平成 37 年（2025 年）］

（人/日）

	豊能	三島	北河内	中河内	南河内	堺市	泉州	大阪市	合計
在宅医療等の医療需要	18,650	12,740	20,066	15,409	11,897	18,182	15,564	47,983	160,491
うち訪問診療分	13,557	9,032	13,766	10,664	7,562	11,755	9,171	32,149	107,655

（注）在宅医療等の医療需要は、在宅医療等を必要とする対象者を表しており、実際には全員が 1 日に医療提供を受けるものではない。
その患者の受ける医療の頻度等によって医療提供体制は異なる。

○地域包括ケアシステム(※)の構築に向けた医療と介護の連携（府と市町村の役割）

大阪府
・医療提供体制の整備
・医師等の医療従事者の確保・養成　等

市町村
・地域支援事業の在宅医療・介護連携推進事業の実施
・在宅医療、介護の課題対応策の検討、多職種間の情報共有、ネットワークの構築など
・府民・患者への在宅医療、看取り等の相談、普及啓発

※地域包括ケアシステムとは、地域の実情に応じて、高齢者が可能な限り住み慣れた地域でその有する能力に応じ自立した日常生活を営むことができるよう医療、介護、介護予防、住まい及び自立した日常生活の支援が包括的に確保される体制。（大阪府では福祉部や健康医療部をはじめ関係部局が連携して取組む）

9　将来あるべき医療提供体制を実現するための施策

高齢化の進展する中、限りある医療資源で適切な医療を提供するために、地域医療介護総合確保基金を活用し、「病床の機能分化・連携」「在宅医療等の充実」等を一層推進していく。

(1) 病床の機能分化・連携の促進

○各医療機関の自主的な取組みと地域医療構想調整会議における協議の実施
○病床の機能分化・連携のための促進対策
・不足する病床機能への対応（回復期機能へ病床転換促進補助）
・病床の機能分化・連携への対応
各病床機能の連携促進による入院から在宅への流れの円滑化の推進
地域における関係機関の連携体制構築の推進

(2) 在宅医療等の充実

○医療機関・医療関係者の連携
・訪問診療及び病診連携・多職種連携等の推進
○医療と介護の連携推進
・地域医療構想調整会議等を活用した検討協議
○在宅医療に関する相談、普及啓発
・在宅医療の理解促進、看取り相談体制の充実等

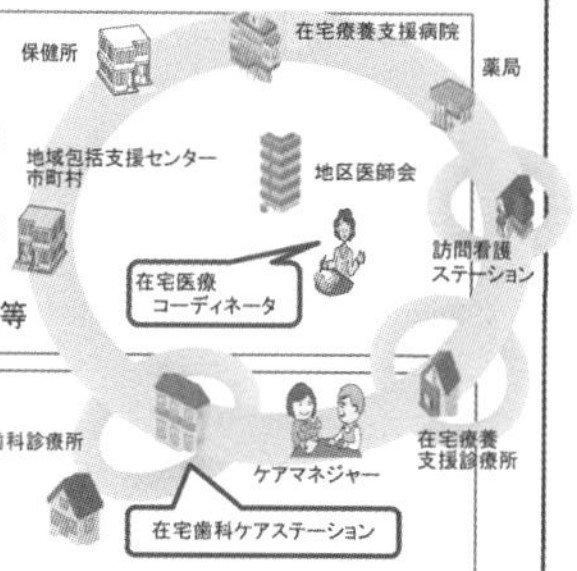

(3) 医療従事者の確保・養成

○専門職種の人材確保・養成
・訪問診療及び病診連携・多職種連携等の推進
・在宅医療を担う専門職種の確保・養成
○医療従事者の勤務環境改善
・医療勤務環境改善支援センターの運営、病院内保育所の整備運営支援　等

10　検討体制

各医療機関の自主的な取組みを基本とし、不足する病床機能の充足をはじめ医療提供体制のあり方を検討。＜検討体制のイメージ＞

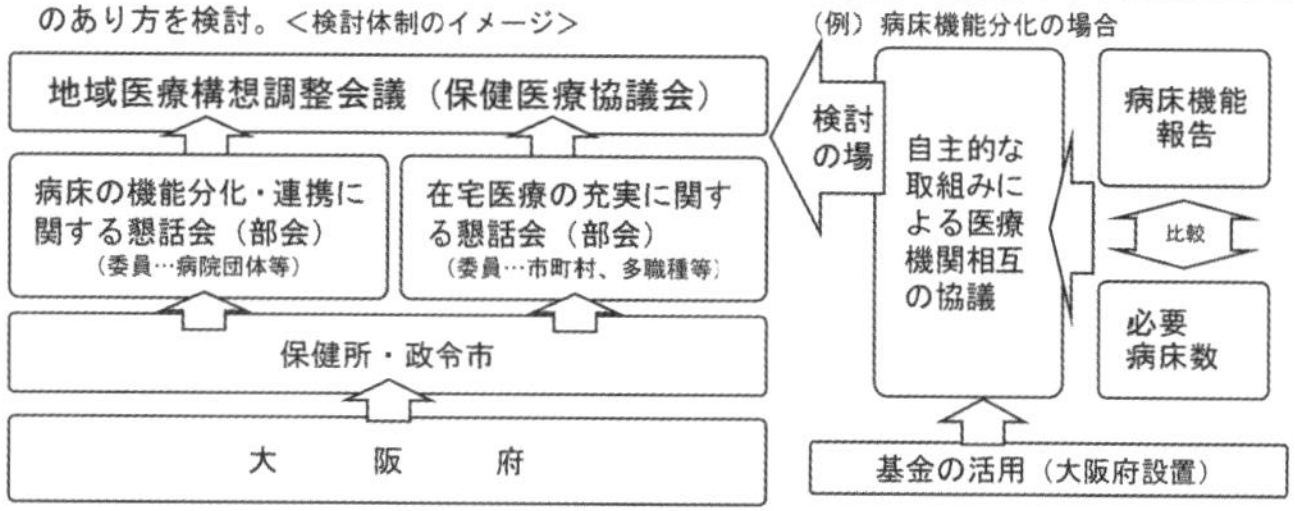

11　構想区域編（豊能・三島・北河内・中河内・南河内・堺市・泉州・大阪市の８医療圏）

各構想区域（二次医療圏）の保健所・政令市が地域の関係者と連携を図りながら、地域医療構想の推進に向けた協議・調整を行う。

○構想区域編の記載内容
・市町村別データ
（将来推計人口、医療機関数、施設数等）
・医療需要及び必要病床数
・在宅医療等の必要量・提供体制の充実
・市町村の在宅医療充実に向けた取組み
・今後の方向性

⇩

保健所・政令市を中心とした調整協議

（参考）地域医療介護総合確保基金（医療分）

医療及び介護の総合的な確保を推進するため、消費税の増収分を活用した地域医療介護総合確保基金を平成 26 年度（2014 年度）に創設（毎年度、国の配分により事業を実施）

○基金の区分
①地域医療構想の達成に向けた医療機関の施設又は設備の整備に関する事業
②居宅等における医療の提供に関する事業
③医療従事者の確保に関する事業

○平成 27 年度（2015 年度）配分額
・国の配分総額は 904 億円（平成 26 年度（2014 年度）（配分総額も同額））
・大阪府への配分額は 56.2 億円。47 事業を実施（参考：26 年度（2014 年度）配分額 49.5 億円）

くさん生まれていますけども、これも法律を抜本的に改正する必要があります。サ高住は玉石混交です。使命感を持って高齢者に優れた居住環境を作って医療も介護も提供しようしている事業所もあれば、サ高住というのは儲かるらしい、関連会社でお弁当とか介護用品の販売を付けたら儲かるんじゃないかと参入してきているところもあります。かつて学生向けのマンションや単身向けのマンションをやっていたけど、もうあまり儲からないので高齢者向けのマンションに切り替えたとか、こういう事業者があります。

今、高齢者向け住宅に対する行政のチェックというのは不十分で、抜本的に法律を変えて高齢者障害者向けの住宅の提供とそれに対する公的なチェックをきちんとやっていく必要があります。居住の保障というのは地域ケアの基本だということで、その規制をかけていくことが重要になるかと思います。

また医療介護を含めた負担の問題があります。これは介護保険料、医療保険料、自己負担含めて最低生活費との関係で負担上限を設定するということ、つまりトータルで、一つひとつの負担だけではなくて、その人トータルでの負担上限を明確に設定する必要があると思います。

地域ケア推進には、ソーシャルワーカーや保健師の地域活動の再生が必要です。アウト・リーチというのですが、相談を受けるというだけではなくて、こちらから出かけて行って問題を掴んで対応していくという動きです。それができるのは行政でも保健師、福祉の職場で言うと地域包括支援センターを含めたソーシャルワーカーです。アウト・リーチ機能を強化することが重要です。介護保険は申請主義であり、要介護3であれ4であれ、限度いっぱいまで利用できてないのが問題だということを問題視する構造にはなっていない。そうではなくて、やはりアウト・リーチして問題を発見していくということがぜひとも必要になって来るわけです。

ここで問いたいのは自治体の責任です。地域ケアというのは自治体職員が民間をちょっと調整して会議をするというのではなくて、市町村が専門家と一緒にすすめていくものです。市町村はアウト・リーチ機能を持った専門職を持つことが必要になります。

住民の医療や生活ケア、終末に関する意識・認識を形成

それから住民の終末も含めて考えていく必要があるだろうと思います。どうやって最期を医師と向き合って迎えていくのかということです。ドクターというのは最も身近な科学者です。ソーシャルワーカーは身近に生活に寄り添ってくれる人です。ですから、身近な科学者として医師と関係をしっかり持っていくこと、生活に寄り添って行く福祉労働者の役割。このネットワークの中で住民として生活や終末の在り方について考えられるような場を作っていくということが重要だろうと思います。

住民の地域福祉活動の発展

それから住民の福祉活動ですが、社会保障制度が後退したから、自助・共助・公助で肩代わりさせようということがあってはなりません。住民が地域で繋がりを持って居場所を作ろうとか、見守りしていこうということは大切です。これについては、一番最後に別掲で「地域福祉のゆくえ―地域ケアの時代を迎えて」ということで論文をつけておきましたので。それを見てください。

地域づくりの思想

地域包括システムには地域づくり、街づくりの思想が必要なわけです。障害を持つ人、高齢になった時、子どもも含めて多様な人びとが地域の中で安心して暮らしていくために、どんな地域づくり、街づくりをしていくのか。そこには思想が必要なわけです。それを私たちは人権とか、発達といってきているわけですけども、やはり思想がなければなりません。

居住とケアとコミュニティーの三位一体の保障

居住とケアとコミュニティーの三位一体の保障が大切です。居住に関する政策、ケアの保障、そして人々は一人では生きていけませんのでコミュニティーが必要です。中核にあるのは専門的なケアなんですけど、その周囲にやっぱり住民を含めたさまざまな活動があってケアとコミュニティーを作っていくというイメージです。

（2）地域包括ケアを「包括的」なものにするために

ケースマネージメントの確立

今のケアマネージャーではなく、ケースマネージャーというものを自治体に作る必要性があると考えています。例えば、居宅の生活は非常に多様で個性的です。障害を持つ方や高齢者がその家で地域で暮らしていくために何が必要で、何が届いていて、何が届いていないのかということをアセスメントして評価して、今何が足りないのかということを明確にしながらやっていく。介護サービスはここまでできている、医療はここまでできているというようなことを含めて本来のケースマネージャーというものを置いていく。すべての障害を持つ人、高齢者がケースマネージャーに相談ができて、自分が受けているケアについてアセスメントできるということが必要だと思います。

家族支援

また家族支援です。家族介護を押し付けては決してならないのですが、やはり介護者家族の支援は必要だろうと思います。介護者家族自身が検診も受けられない、病気になっても診察になかなか行けない、負担の問題でもどんどん追い込まれ、追い詰められていきます。これを解消することが必要です。

生活支援は地域生活保障事業として老人福祉法に位置付ける

生活援助のさまざまな事業というのは地域生活保障事業として明確に老人福祉法に位置付けてやっていく必要があると思います。配食などは大変重要です。これは私の勝手な思いですけども、日本の居宅ケアが難しいのは食事にあると思うんです。日本は食が非常に豊富ですから、配食というのは日本独特の難しさがあると思います。しかし、食事はすごく重要な部分ですのでこれをどうやっていくのかという視点から、やはり地域生活保障事業として、障害を持つ人、病気を持つ人の食の保障も考えていく必要性もあると思います。

居宅ケアの意味の再考

それから先程言いました居宅ケアの意味の再考ですが、住み慣れた自宅でのケアもありますし、たとえば住み替えて高齢者住宅に住むということもあると思います。

高齢者住宅に住む。安心できるものであったり、全ての人が住宅の保障をされていること。今の状況はお金のあるなしで居宅の状況が階層化されています。有料老人ホームや老健の個室ではだいたい20万円、特養でも15万円を超えます。結局負担できない人が法律の外側にある賃貸とかの住宅に居て、誰の手も届かない所で住んでいるというような状態もあります。ですから、住宅の問題にも焦点を当てる必要があります。地域ケアというのは在宅生活を保障するということです。

6. 地域ケアと住民の活動

最後に住民の活動です。住民のいろんな居場所作りと見守りというような独自の意味をもっています。制度の補完というのではありません。これが福祉の街づくりに繋がっていくし、専門職の数をしっかり保障してこそ住民の活動が活きていくわけです。制度補完の互助ではなく、地域住民の福祉力を高めて専門職を地域に引き付けるとか、あるいは医療福祉の問題を提起していく力とか、あるいは住民独自でできる生活共同を拡げて事業化していくとか、あるいは人権に反するような、人を排除するというようなことを克服していく取り組みを高めていく。

つまり、住民自治や運動がベースになって福祉地域活動があるわけで、鍵になるのは学習の保障だと思います。それをやっていくのは自治体職員であったり社会福祉協議会の職員ですね。専門サービスの補完とか専門活動の代打ではないわけです。地域ケアシステムの構築は、ケアの本質を踏まえ、社会福祉の公的責任を地域で体系化することを基本にすすめるべきだと思います。

……………………………………

地域福祉のゆくえ―地域ケアの時代を迎えて―　岡﨑祐司

２０１６年７月23日　講演の記録

社会福祉は歴史的・社会的に「民間性」、「公的責任」、「協働」（民間と行政との協働・連携）、「社会性」（その時代共通の社会的課題に向き合い、国際的な理念・人権規定の影響をうける）という性格をもつが、こうした特性をもつ社会福祉が地域の実情に応じて再編成され、住民が権利を手にしなければならない。これは社会福祉の「地域性」である。その地域は、生活領域、経済的領域、公共的領域、歴史的文化的領域であり、市民が主体になりつくる創造的領域でもある。環境、状態としての地域把握だけではなく、働きかけ変える対象としても地域をつかむべきである。

地域福祉とは、①全国的な制度である社会保障・社会福祉を地域の実情（自然条件、社会条件、住民生活やニーズなど）に応じて、地域空間で再編成する、②社会福祉専門職の相談、ケアを地域で展開する、③住民主体の福祉活動、共同事業を地域で発展させることであり、住民の参加、主体の力に依拠しながらこれらを連携させ発展させることである。

社会福祉士には地域を「リアル」にとらえる視点が必要である。平面、空間、人とその関係、（見えない）力の作用、住民の願い・思い、歴史、文化という視点でとらえ、また矛盾、問題、対立、弱点、排他性、遅れた側面、無関心があることもみなければならない。しかし、安心してくらせる・共に生きる地域をつくろうとする住民自治の力もとらえるべきだ。地域福祉を推進する社会福祉職は、どこに依拠しながら、どういう課題を克服し、何を充実させるのか、地域の「潜在力」をどう引き出すのかという力量が問われる。マネジメント、アクションの実践力である。

ところで、「地域ケア」が注目されている。社会福祉研究においては、人間の生・生命と「ケア」を関連させて追求すべきである。生という活動を行う主体としての個人、その生、生活を支えるのがケアであり、もっとも私的領域に入る社会的実践であり、生きることだけではなく、「終末」にもかかわる。生活のケアは、日常生活行為動作、その人らしい文化的生活、地域生活という三層を支える。介護は、その人の抱える困難・葛藤・不信・拒否感・引きこもり傾向・要求の抑制・孤立などに寄り添うものだ。ケアの担い手と、当事者の相互作用がそこにあり、ケアを必要とする人にどのような地域生活（社会生活）を保障するのか、生活の質が問われる。それは、所属感、参加、安心にかかわるので、住民福祉活動、まちづくりも関連する。

地域ケアを政策からみると、①必要充足原則、②当事者と家族にどのような「生活の質」を保障するのか、③多職種の連携・協働、④「居住」と環境の保障、⑤保健、医療、社会福祉、居住、交通（移動）、消費生活、交流にかかわる基盤整備、提供体制整備、⑥人材確保に関する政府・自治体の責任体制が柱になる。「生活の質」を重視した、「居住、ケア（医療、社会福祉）、コミュニティ」の三位一体の保障が重要である。地域ケアの時代に、社会福祉職（社会福祉士、精神保健福祉士）はなにをどう担うのか、問われる。「多様な人が地域で生活することができる社会保障としてのケア」が求められる。医科・歯科の診療所・中小病院の役割・機能・連携をつくり住民生活に寄り添った地域医療の保障、医療職と社会福祉職とが連携して継続的・連続的に生活を支える体制、地域保健や社会福祉のアウトリーチ機能（生活問題を発見、困難ケースにも接近）の強化、特に援助拒否ケース、困難ケースへアプローチできる社会福祉の「実力」をみせ、住民と専門職の交流・学習のなかで社会資本整備、まちづくりへの志向を強めるべきである。また、地域ケアの射程には「生」と「終末」が含まれる。「地域包括ケア」の議論で「自助・互助・共助・公助」が強調されるが、私は社会福祉の基本理念ではなく、生活上の原則と考えている（学問的に）。地域ケアはケア論を中心に構想提起すべき。

さらに、地域ケアには地域保健の再生、ケア・マネジャーのありかた、家族支援のための法整備、「生活援助」事業を地域（自治体）が確保する政策、介護保険制度の抜本的改革（まずは「現物給付」化と必要充足原則確立）、「ケア保障型の居住」政策、中央統制型・国家主義的な医療費抑制・医療提供体制改革からの脱却も追求されるべきである。

住民の福祉活動は、制度後退の補完としての互助ではなく、「地域の福祉力」をつける実践なのである。住民が、①社会資源を生かしきり、専門職を地域にひきつける、②医療、福祉の制度上の問題点を提起する、④生活共同の領域を広げ、協同の可能性をつくる、③福祉に反し福祉にそぐわない状況を克服する―人権としての取り組みを内容とし、住民への「学習の保障」が鍵になる。

これからの地域をつくるために、発信、連携・協働とマネジメント、政策提起が社会福祉専門職には求められている。

第4章　いま医療・介護現場では何がおきているか

【報告1】　これからの医療ソーシャルワークを考える

江坂竜二（上山病院医療ソーシャルワーカー）

（1）退院支援から見える4つの課題

初めまして、江坂と申します。寝屋川市にある急性期病床と回復期リハビリ病棟の合計189床ある社会医療法人山弘会上山病院の地域医療支援室で相談支援をしています。

私は、病院の医療ソーシャルワーカーの立場から、急性期病院の退院支援の中で医療ソーシャルワーカーがどういうことを考え、感じているのかを報告します。

まずは、退院支援から見える課題として4点挙げたいと思います。一つ目は、入院医療における退院までの流れのシステム化が進んでいる点です。みなさんが資料で見たり、話を聞いたりして理解されてる以上に、急性期病院は診療報酬の施設基準で厳しく締め付けられています。回復期リハビリ病棟、療養型病院、老人保健施設、などの施設基準もすごく縛りが厳しくなっています。そのため、急性期病院での退院支援は、患者が望まれる所を選択するというより、各機関の機能に応じて患者を、言葉は悪いですが「割り振り」をするという作業が行われています。

二つ目は、複合的な問題を抱えている患者、ご家族が大変増えている点です。先ほどの調査報告の中にもありましたが、経済的問題を目の当たりにする機会はここ近年大変増えていると実感します。また家族関係の問題として、患者とご家族との関係が希薄化していることも感じます。病院への転院や施設入所を進める際、基本的には患者やご家族と相談し決めますが、それが行えないケースが大変増えています。

三つ目は、地域包括ケアシステムで過剰な自己責任論にならないか懸念している点です。「自分で決定した」イコール「自分で決めたから自分で責任を取って下さい」と言われているように感じ、結果の責任を個人に押しつけて公的責任が後退していく雰囲気を感じます。さらに、自己責任を取れない患者は、ご家族が代わりにその責任を負うという状況も懸念され、公的責任の放棄にも繋がっていくことの危機感を感じます。

四つ目は、ソーシャルワーク人材の不足の点です。私は、社会福祉士として医療機関で仕事をしていますが、社会福祉士有資格者はさまざまな分野で仕事をしています。ただ、同じ福祉というベースで働いているにも関わらず、それぞれの分野の枠の中でのみ仕事をしていて、別々の資格のように感じることがあります。各制度の枠の中で活動することで、今のソーシャルワーカーには、昔教科書や講義で学んだ「社会資源の開発」や「ソーシャルアクション」の視点が欠けていると感じます。大学では、制度が無ければ作っていくことを学びましたが、現場でやっている中でそういう視点が無くなってきているように感じます。介護保険制度で言えば、利用対象でなければ、「介護保険が使えないから何もできない」と、その他の提案もなく、利用できるサービスがないことのみを伝え、その上で患者に選択を迫っているソーシャルワーカーが増えています。私は、私たちが行っているソーシャルワークに危機感を感じています。

（2）急性期病院の現状

次に、急性期病院の現状の話に移ります。当院は10対1入院基本料ですが、急性期病院の代表はやはり7対1入院基本料です。私なりに急性期病床を定義すると、「重症者と定義される患者を集中的かつ短期間で治療する病棟」です。

施設基準の内容を見ていくと、1点目に「重症度医療・看護必要度」という重症患者に認定される基準が、この10月から変更されました。患者の状態は日々改善していくため、同じ患者が入院している場合には、重症患者から重症ではない患者になっていきますが、施設基準ですので下回る訳にはいきません。7対1入院基本料の病棟は、重症患者が入院患者の4分の1以上いないと取り下げなければなりません。

2点目に、平均在院日数ですが、近年は日数自体の短縮は行われていません。ただし、重症患者の比率を下げないようにしようとすれば、患者の入退院が促され、結果的に在院日数の短縮が図られる仕組みになっています。平均在院日数の計算式では、在院日数を短くしようとするとベッドの回転を速くする、つまりどれだけ患者の入退院があるかが大きな影響を与えます。短期間や1泊の入院で入退院数を稼ぐことをしてきた病院もありますが、短期滞在手術3が制定され入院期間が決まっている入院は、平均在院日数計算から除外されるようになり、その対象疾患は年々増えています。今後は、積極的な治療が必要な患者をどれだけ入院させているかが問われていきます。そのため、重症ではない患者は地域包括ケア病棟やその他の後方病院へ早期に移動することが求められます。急性期病院は、純粋に急性期の加療が要る患者だけを急性期治療が必要な期間だけ入院させることが目指されると感じています。

３点目に、在宅復帰率の内容を説明します。データが少し古いため、在宅復帰率が75％以上ですが、この４月から80％以上に５ポイント引き上げられています。一般的に在宅復帰と聞くと、自宅や特養以外では、サ高住などの居住系施設はイメージを持ってもらえると思います。しかし、ここで言う在宅には、地域包括ケア病棟や在宅復帰強化型老健施設、さらには在宅という言葉に違和感がありますが、在宅復帰率50％以上をキープしている療養型病院まで「在宅」と見なされます。一般的に持つイメージとギャップを感じますが、逆の言い方をすれば、療養型病院も在宅になりうるということです。そのため、療養型病院の対象となる患者は、在宅復帰率が50％以上を維持している病院に誘導される可能性があるということです。老健施設で言えば、通常型より強化型に誘導される可能性はあるということです。患者やご家族にはこのような仕組みは見えないですが、このような計算が働いています。この状況の中で医療ソーシャルワーカーは、片方で施設基準の維持に求められる数字を意識しながら、他方で目の前の患者に一番適切な医療提供場所を確保していくという葛藤の中で退院支援をしています。

さらに、急性期病院へ入院となった患者やご家族の心理面です。急性期病院に救急搬送されたら、最初に医師から延命行為の希望の確認をされていると思います。生きるか、死ぬかの判断をご家族は求められるわけです。そこから状態が少し安定してくると「退院先はどうしますか？」と確認されます。重症ではない患者の場合は、入院と同時に退院先の話が出ることもあります。若くて働いている方の脳梗塞発症を例にすると、朝元気に送り出したのに、突然病院から「すぐに来て下さい」と連絡が入ることになります。この時のご家族は、本人が生きるか、死ぬか、という状況であり、延命行為をどうしていくのかという選択を迫られます。しかし、1週間もすれば、「治療が落ち着いたらどこに行きますか?」という話になります。ご家族は、急に入院になったのにすぐに退院を決断させられる中、気持ちが全く付いていっていないことが多いと感じます。しかし、それは当然だと思います。

一方、医療ソーシャルワーカーは、治療がある程度目途が立ってから今後の話をするのではシステム的には遅すぎるため、今後治療がどう進んで行くか、カルテなどを見て予想しながら支援を行っていくことになります。しかし、福祉職は医療知識を基礎的に学習していません。そのため、担当になる医療ソーシャルワーカーの知識量やさまざまな能力が退院支援に大変影響します。

（3）増え続ける医療ソーシャルワーカーの悩み

医療ソーシャルワーカーの悩みは、最近は多問題を抱えるケースが非常に増えていて、特にお金がない患者が次の場所を探す場合、経済的問題を整理しないといけませんが、それを自院の入院期間だけで解決できないことです。そういうケースは、それ以外にも問題があり、当然ながら支援にかかる時間が足らないと感じます。

図27は、高齢者住宅財団が行った調査の報告書から図を引用しています。昨今は在宅退院が推奨されていますが、実態は、家族介護力、経済的な余裕等の「必要十分条件」の有無が重要になります。

図 27　在宅退院の必要条件、十分条件

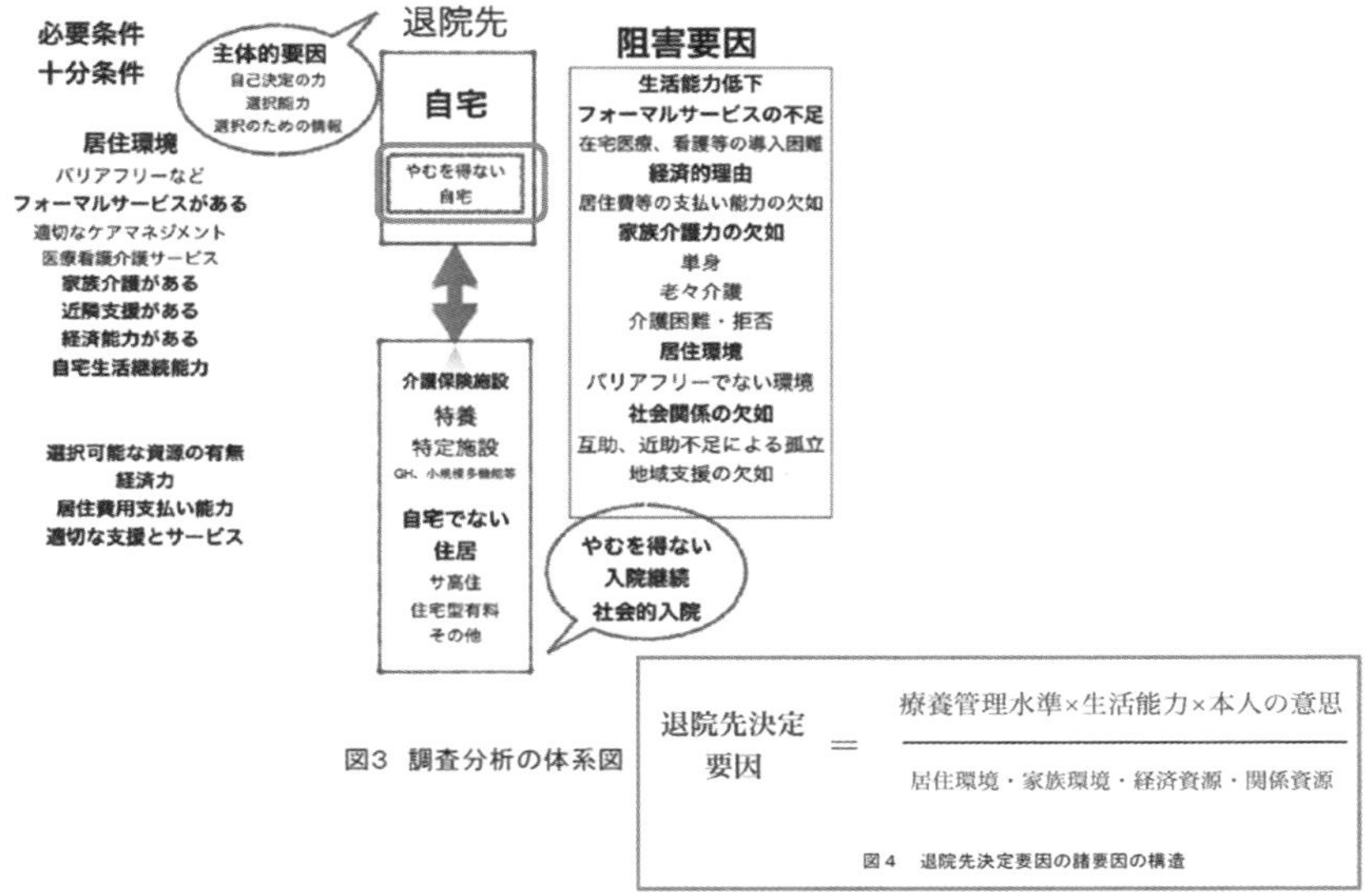

高齢者住宅財団『医療・介護ニーズがある高齢者等の地域居住のあり方に関する調査研究事業』（平成28年3月）より

そういう条件がなくても、自立できれば自宅退院は可能です。しかし、必要十分条件が全くなく、お金がない場合は、「帰るしか」選択肢がないという、この図で「やむを得ない自宅」と表現されていることが起きています。

　このように退院支援における課題は山積みです。例えば、医療行為で最近よく困るのは、末梢点滴の患者です。最近は、医師から見て胃ろう造設により栄養管理が可能な場合でも拒否されるご家族が多くなっています。その場合、末梢点滴のみの治療行為の継続を希望されることになります。しかし、医療区分Ⅰのため療養型病院での受け入れは難しい状況です。自宅介護はできず、療養型病院での受け入れ先も無く、看護体制が充実している施設もない、となれば行き先が無く

なります。しかし、受け入れ可能であればどこでもいいというわけにはなりませんし、ご家族によっては無茶な要望も結構あるため、患者の受け入れ先を探すのにとても時間を取られます。一方で、家族関係が希薄になっていて、キーパーソンがいないケースやご家族の連絡先がわかっていても全く関与されないケースもあります。

経済的問題では、とても収入が少ないケースだけではなく、結構年金額はあるが無収入の子どもを養育しているケース、いわゆるひきこもりの問題もあります。この場合、本人の収入が本人だけに当たらないという状況になります。さらには、借金があるケースもあり、経済的問題は収入が少ないケースだけに限られません。収入が少ない場合も支出が多い場合も課題で、強弱こそあれ連動していることが多いです。

あと、地域包括ケアシステムの図28は2015年に少し変更されています。ご存じの方もいらっしゃると思いますが、図の一番下の所が「本人家族の選択と心構え」から「本人の選択と本人・家族の心構え」に変更になっており、「本人の選択」が強調されています。耳ざわりがいいように感じますが、裏を返すと自己責任が強調されています。医療関係者でも治療の選択と結果に関して、「最終的に本人らが選んだから」ということで片付けられる風潮がでないか危惧します。本人たちが選んだものを支援者がどう支えていくのかという仕組みがないと、希薄化した家族関係の中で在宅ケアを行っていくのは難しいと感じます。

ここでは、介護支援専門員倫理綱領からケアマネージャーの役割に触れます。倫理綱領の詳細は、介護支援専門員協会のホームページに掲載されていますのでご確認ください。倫理綱領は、平成19

図 28　2040 年に向けた地域包括ケアシステムの展望

厚労省「地域包括ケア研究会報告書」（2016）から

年総会で採択され、平成21年にその解説が作成されています。役割の点から内容を取り上げると、「地域包括ケアの推進」の箇所では、地域社会の一員として地域において問題解決できるように地域住民と共同することが書かれています。その他にも、「社会支援」や「より良い社会づくりへの貢献」も書かれています。そのためには「アウトリーチ」が重要です。医療ソーシャルワーカーも必要性は感じていますが、目の前のケースだけで日々精一杯になっています。ケアマネージャーも同様かと思います。しかし、重要なことは、アウトリーチの必要性を感じているか、少なくとも目の前の利用者を支援する際にその視点や意識を持っているかです。

（4）「街づくり」も視野に入れて

最後に、この1週間でも、高額療養費のトラブルや胃ろう造設を拒否されて点滴のみの患者がおられ、次の療養先の確保に苦労しています。誰もがいずれは年を取っていきますが、大半の方は元気に生活している中で急に体調を悪くするため、自己の努力のみでは対応できないと思っています。「自助」努力という言葉で片付けられないし、それで片付けるのは無責任だと感じます。「共助」も、患者の中には、ご家族の関わりが希薄な場合や地域の繋がりが無い方も見受けます。引きこもりは、親が入院したことがきっかけで発覚することも結構あります。親が子どもの引きこもりを隠すために地域との付き合いに距離を取った結果、地域との繋がりが希薄だったりします。

医療ソーシャルワーカーは、地域包括ケアシステムの中で、現行の制度や既存の社会資源では対応できない患者がいても、その方に必要なものを見定め、開発することを日々の業務の中で意識しなければなりません。さらに「街づくり」までも視野に入れなければ、これからの退院支援は行っていけないと感じています。

【報告2】　開業医の実態と在宅医療　入谷純光（入谷医院院長）

年取ってきたら在宅やるのしんどいんです…

平野区で泌尿器科の診療所をやっています。開業医の実態と在宅医療ということでお話しします。

私の診療所は「在宅医療支援診療所」という形でやっています。頼まれたらだいたいなんでもします。バルーンカテーテルの留置[※1]とか、酸素気管カニューレ[※2]の交換とか中心静脈栄養[※3]の方も診ていたことがあります。

うちの問題点は院長の高齢化です。開業して22年過ぎ、だんだん体力・気力が衰えてきました。お昼が終わってから往診に行きますが、お昼ご飯は、あんぱんか、ジャムパンかクリームパンを1個食べ、カルピスかファンタか午後の紅茶を飲んで、往診に出かけます。そういうわけで、年取って来たらもうこういう生活はしんどくなって来ています。

※1　自力で排尿ができない場合に、膀胱内に留置できるカテーテル（医療で使われる細い管）を尿道から挿入し、先端のバルーン内を膀胱で膨らませて固定させ、膀胱から尿を持続的に排出させます。

※2　気管切開し、喉に穴を開け、そこからカニューレ（チューブ）を気管内に入れ、気道を確保することで呼吸が楽になります。

※3　嚥下障害や病気、認知症などよって口から食事がとれなくかった方が点滴で血管から栄養補給するための手段のひとつです。

（1）地域全体を「病院」とみたてる

厚生労働省の「在宅」の考えは、自宅や居宅を「病院のベッド」のように見立てて、「かかりつけ医」とか、「かかりつけ薬局」「訪問看護ステーション」「介護職員」など、みんなと連携して、「家」をあたかも小さな「病院」（図29）のような状況を作っていこうとしているんだと思います。「病院」のようなシステムやから安心やというわけです。

言い換えたら「自宅」は〝病室〟、「かかりつけ医」は〝病院の担当医〟。「訪問看護師」は、〝病院の看護師〟。「薬局」は〝病院の薬剤師〟、「介護ヘルパー」は〝病院の補助要員〟、「ケアマネジャー」は〝病院の地域医療連絡室〟とそういうふうなことをやりたいんだろうと思います。

だから医療機関も薬局も「24時間対応しなさい」というような施設基準などが先に出てくるんです。そういうことばかり言われると、在宅をやる先生方は大変で、なかなか在宅への参入の気力・意欲が沸かないのです。最初から、枠にはめようとしている、これも問題だと思います。

図29　地域全体を「病院」とみたてる

・自宅＝病室
・かかりつけ医＝病院の担当医
・訪問看護師＝病棟の看護師
・かかりつけ薬局＝病院の薬剤師
・介護ヘルパー＝病院の補助要員
・ケマママネージャ＝地域医療連携室

（2）在宅で「看取る」ということ

在宅での「看取り」の話を紹介します。「在宅医療支援診療所」というのは、「看取り」の報告義務があります。私のところでは去年6人亡くなりました。

症例を紹介すると、58歳の女性は、乳がん、卵巣がんなどいろんな病気をされて、平成27年6月にもう積極的な治療は中止になり、緩和ケア開始ということになりましたが、ご本人とご主人が、在宅で療養して、在宅で死にたいという要望でした。

新しい抗がん剤が出て、主治医に「試してみますか」と言われて使ったとか、外来受診時にいろんな話をして頂きました。私に対して「先生、それ使って効果があれば、1～2年、寿命が延びると思うでしょう。でも実際は薬が効いても1～2週間寿命が延びるだけなんですよ」というような話を淡々とされていました。緩和ケア病棟の主治医とも話して、「入院してもいいよ、緩和病棟で診てもらってもいいし、お家でも呼ばれたら僕行きますよ」という方針を決めました。

平成27年10月23日に1回目の往診をしました。うとうとと寝ておられ、血圧を測って、いい顔していました。家の方には喜んでもらいました。「元気にしてるやん！　まだ大丈夫やで。長い付き合いやし、なんかあったら呼んでくれたらすぐに来ますよ」と話していたら、2回目は10月28日に「息が止まった」と呼ばれて、行くと亡くなられていました。苦しむこともなく安らかでした。

こういうケースは、たぶん厚労省が考えている「地域包括システムケア」とは違うと思います。介護保険は何も利用してない。訪問看護ステーションも行ってない。私も「在宅医療支援診療所」なんて難しい活動もしてないし、往診に2回行って、2回目は看取ったいうだけの話です。開業医と患者は、大概こんなふわっとした関係で、こういう関係が今までは多いと思います。

後日、清算にご主人が来られて、「すんません、往診って高いんですよ。行くだけで自己負担が3割の人で2500円ぐらいかかっちゃうんで申し訳ないです」と言うと、「先生、何言ってはりますの。抗がん剤なんぼいるって思ってますの」とか言われて、やっぱり医療費って、ちゃんと知っとかなあかんなぁと思いました。

（3）在宅で「看取る」覚悟がありますか

「在宅」ってどういうふうに対応していったらいいのか。必要な場合は入院しないといけませんが、基本は自宅とか施設での療養です。場合によっては「看取り」まで見ないといけない。そういう覚

図 30

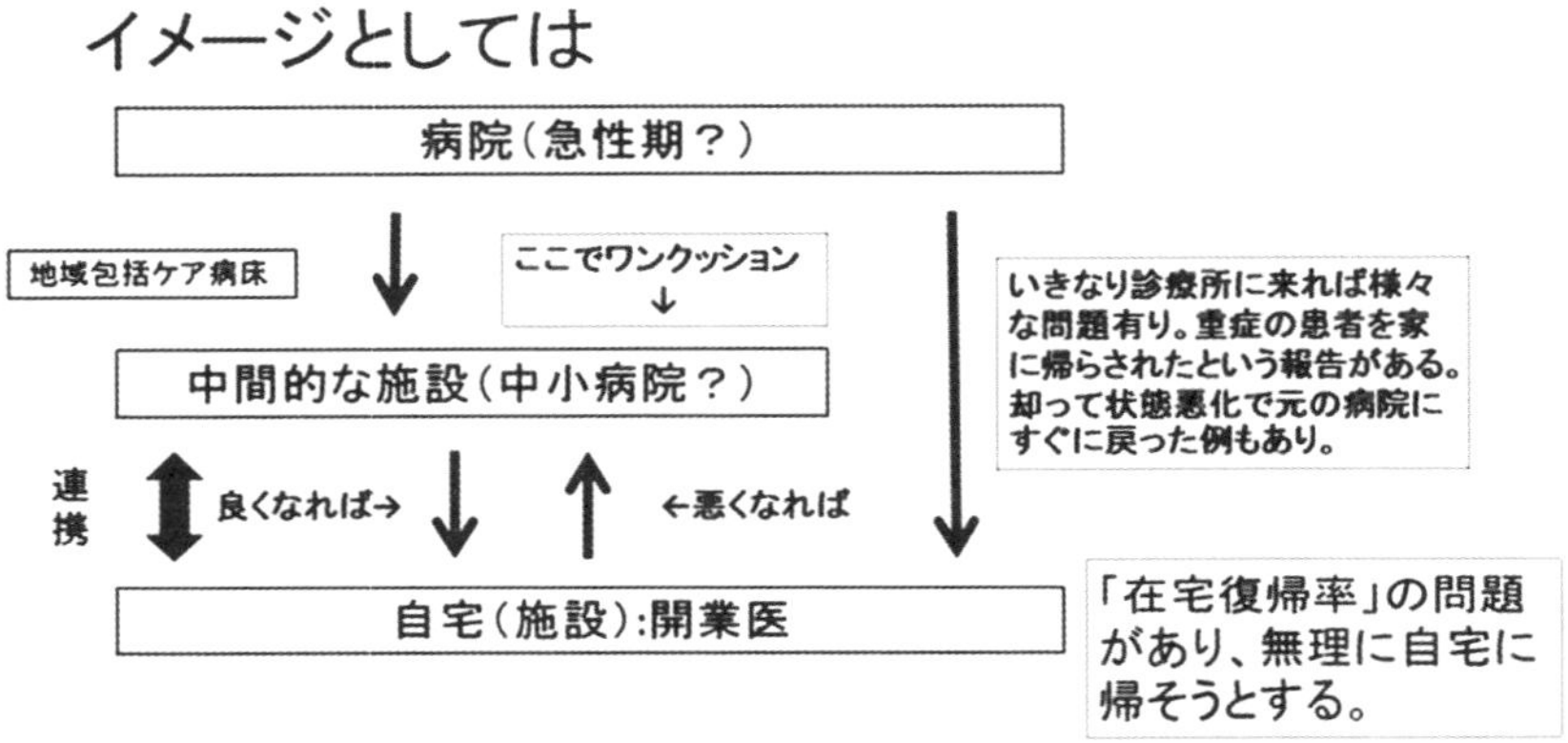

悟を持っていないとあかんと思います。

何も難しいことはないです。医療者側も入所したらそこまでで、今までの 主治医とのつながりが切れてしまうことはありますが、元気でしたら主治医が近かったら今までの先生のところに通って行ったらいいのです。その方がずっと医療費も安い。往診は費用がかかりますから。通院が困難になってきたら、往診とか訪問診療とかは、私たちが行きます。特別養護老人ホームなどは「施設基準」があり、往診などは制約があって難しいですけど、診てきた患者さんが困ったらそれに対応してあげるという、そこが医者の基本だと思います。

これが、今までの地域の医者がやってきたことです。しかし現在は厚生労働省が、変に難しい「施設基準」で「これやったらお金あげますよ」というように〝金で釣る〟。言い換えれば「施設基準」を満たさないと〝お金あげません〟って脅かされてます。もうそういう「施設基準」を取らなくていいから、往診料だけ取ったらいいと先生方に言っているんです。

後は患者の要望を聞いてサービスを利用すればいいのです。訪問看護でもいいし、デイサービスでもいいし、ヘルパー、調剤薬局なんでも今はできます。費用も安くすむし。要するに簡単には入院できないよっていう意識をみなさん持って下さい。

（４）「看取り」なんか怖くない

ここで平野区での取り組みを紹介します。「在宅ケアネットワーク委員会」という医師会、歯科医師会、薬剤師会、社会福祉士協議会、地域包括センター、もちろん区役所も全部集まっていろんなことをやってます。４月から委員長をしています。

専門職向けの講習会や府民シンポジウム、在宅マップの作成もしています。先日行なった専門職向けの講習会のテーマはズバリ「看取り」で、自宅とかグループホームの看取りの報告をしてもらいました。ちょっと、うるっと来る、なかなかいい報告でした。

私は、そこで「看取りなんか怖くない」と専門の人に訴えました。日本では、「介護の人があまりにも評価されていない」と話をしました。日本の介護レベルって世界一級だが、一番問題なのは、利用者にそれが評価されていないことです。「自分たちは世界一級の介護をしてる」と自信を持ってもらいたいです。介護の人が自分の職場へ帰ったら、自分たちは優れた介護をしていると職場の仲間に伝えて下さいとお願いしました。

ですから、自分の所で、自分で看取れるよという意識をぜひ持ってもらいたいです。

(5) 病院では死ねない

もう一つの講演会では、看取りまでの事例を紹介してディスカッションなどをしました。講演会では「地域包括の話って難しいです。それで、今日の要点でこれだけ覚えといて下さい」と話をすすめました。

まず、「ベッド数が減って簡単には入院ができないようになるよ」。そして「自宅や施設で安心して暮らしていくようなシステムを、仕組みを作るのが我々の仕事です」と言います。また、最近では「病院で死ねませんよ」ということを言っています。これだけいつもアピールしています。そういう覚悟をみんな持ってくださいと。

最後に「みなさんにお願いです。多くの区民の人がこのことを知ってください。帰ったらみんなで、今日の講演の話をたくさんの人と話をしてください」と、区民の人にその時アピールしました。

国は、都道府県に将来の医療需要と病床の必要量を推計させる「地域医療構想」や重度な要介護状態になっても住み慣れた地域で人生の最後をむかえるための「地域包括ケアシステム」というものを、2025年に向けて進めています。その時点で、今、医療現場にいる私は、もうバリバリ仕事をしてない、もう死んでいるかもしれない。リタイヤとか、もしくはそれに近い状態になっているでしょう。あるいは介護を受けている身になっているかもしれません。

将来の医療や介護をより良きものとしていくために、あるいは自分自身がそういうより良い医療介護を受けることができるように、次世代へより良い医療・介護制度を維持していくのが今の私たちの世代の役割だと思います。2025年、未来にきちんと遺産を残していく必要があるとお話しして終わります。ご清聴ありがとうございました。

【報告３】介護老人保健施設の「役割」を考える
――よどの里から見える課題について

森部　富美子（介護老人保健施設よどの里支援相談員）

（１）重症度がすすむ入所者

私は、介護老人保健施設よどの里の支援相談員として働いています。今日最初に話をされた雨田さんの話を聞いて、非常に胸が痛くなりました。老人保健施設（以下、老健施設）に入所してからＡＤＬ（日常生活動作）が低下し、期待と現実との違いに非常に悩んでいるという話に、老健施設の役割って一体何なのかと考えさせられました。

老人保健施設は、要支援者は入所できず、リハビリや看護介護を必要とする要介護者が入所し、療養・生活支援をしながら今後の方向性について考える場所になります。厚生労働省が定めた施設の運営に関する基準の中にも「そのものの居宅における生活へ」「居宅への復帰を目指すものでなければならない」とあります。しかし、現実は鴻上先生の話から明らかになったように「施設から在宅に帰る（在宅復帰）」ということにはなかなかならず、病院への（再）入院やそのまま長期的に施設に入所し続けるという人も多いです。最近の老健施設の入所者状況と、よどの里の実情について紹介したいと思います。

よどの里は西淀川区の淀川を越えたところにある施設です。ショートステイ（短いお泊りの方）の利用者も含み入所定員が100名という施設で、その内の48名が認知症専門棟になります。高齢化が進んでおり、施設に見学に来て驚かれることも少なくありません。また50名定員の通所のサービス（デイケア）もやっています。現在の入所者の平均の介護度は、3・8と他施設と比較するとやや高めで、後ほど資料で示しますが非常に重度化が進んでいます。平均年齢は87・1歳で、男性よりも当然女性の方が多く入所しています。最高齢は、今は102歳。下は60代後半と、年齢層は幅広いです。昨年100歳を超える女性の入所者が4名も重なった時期があり、『いつでも元気』という雑誌に写真を投稿し掲載されましたが、それほど高齢化が進んでいる状態になっています。

また、多くの人が老健施設の利用料を心配されますが、介護サービス費に関しては高額介護サービス費受領委任払いという制度があり、収入や課税状況によりそれぞれ上限額が設定されるため、4万円強～11万円程度の費用が課せられます。また、よどの里は西淀病院を母体として、法人内にさまざまな介護サービスの事業所があり、在宅復帰に際しては非常に心強いです。そして一番重要な点は、よどの里は2015年11月に強化型老健の届け出をしたことです。数年前から復帰支援型の加算は取っていましたが、経営的には強化型が有利なため、以前から強化型への転換は目標でした。そして、昨年10月の転換を目指していましたが、この後説明する要件を達成できず、結果届け出がひと月遅れてしまいました。届け出が遅れたことは経営的に少し痛手となりましたが、それ以上に届け出以降、施設の状況がこれほど大変になるとは思いもよりませんでした。

（2）強化型老健の維持

強化型老健になるにはいくつかの要件（表19）があり、この要件をクリアし続けなければなりません。特に重要なのは在宅復帰率で、これは過去6カ月間に、施設を退所された人数のうち、50％より多くの人が在宅復帰もしくはグループホームや有料老人ホームなど「在宅」とみなされる場所へ退所しなければならないという要件です。退所先には入院や特養入所は認められていません。さまざまな事情で、老健入所の目的が最初から「特養入所待ち（待機）」のみという方もいますが、強化型老健としては在宅復帰目的でない方の入所は復帰率の低下にも繋がるため正直厳しいです。本当は、退所先の選択肢に特養入所は含まれるべきだと思います。リハビリや在宅調整をしてみたものの「やっぱり在宅（や有料老人ホーム）は無理だった」ということもあるでしょう。しかし、現時点では特養入所は在宅には認められず、結果、復帰率が下がる一因となります。強化型や復帰支援加算の老健にとって、毎月半数より多くの在宅もしくはサービス付高齢者住宅（以下、サ高住）や有料ホームへの退所者のみの数を一定維持し続けることは非常に足かせとなっています。

もう一つの要件がベッド回転率です。表の式を眺めると何を意味するのか想像つきませんが、要は、『退所⇒ベッドが空く⇒新規入所』の回転を、少ない入退所者数で行うと回転率が下がるような仕組みになっています。経営的に効果を上げたければ、空きベッドはできるだけ少ない方がいいため回転させない方がいいのですが、入退所者数が少ないと回転率が下がり、多いと在宅復帰率に奔走しなければならず、「さすが厚生労働省！」と思ってしまうほど、相互に作用し合っているのです。しかも、双方の有効期間が微妙にズレていることも、強化型維持を非常に困難なものにしていると

表 19　在宅復帰支援機能の評価（報酬体系）

	在宅 復帰率	退所後の 状況確認	ベッド 回転率	重症者 割合	リハ 専門職
在宅強化型（強化型）	50%超	要件あり	10%以上	要件あり	要件あり
在宅復帰・在宅療養 支援機能加算（加算型）	30%超	要件あり	5%以上	要件なし	要件なし
上記以外（通常型）	強化型または加算型の要件を満たさないもの				

評価項目	算定要件
在宅復帰の状況	以下の両方を満たすこと。 a. $\frac{\text{在宅で介護を受けることになったもの}}{\text{6月間の退所者数}^{\text{注1}}} > 50\%$　であること。 注1：当該施設における入所期間が1月を超える入所者に限る。 注2：当該施設内で死亡した者を除く b. 入所者の対所後30日以内に、その居宅を訪問し、又は指定居宅介護支援事業者から情報提供を受けることにより、在宅における生活が1月以上継続する見込みであることを確認し、記録していること。 注3：退所時の要介護状態区分が要介護4又は要介護5の場合にあっては14日
ベッドの回転	$\frac{30.4}{\text{平均在所日数}} \geqq 10\%$ であること。 ※平均在所日数の考え方＝ $\frac{\text{3月の入所者の延日数}}{\text{3月間の（新規入所者数＋新規退所者数）} \div 2}$
重度者の割合	3月間のうち、a. 要介護4・5の入所者の占める割合が35%以上 b. 喀痰吸引が実施された入所者の占める割合が10%以上 c. 経管栄養が実施された入所者の占める割合が10%以上 のいずれかを満たすこと。
その他	リハビリテーションを担当する理学療法士、作業療法士又は言語聴覚士が適切に配置されていること。

※在宅とは、自宅その他自宅に類する住まいである有料老人ホーム、認知症高齢者グループホーム及びサービス付き高齢者向け住宅等を含む。

出典：社会保障審議会　介護給付費分科会（2014年8月7日）資料より

図31　介護度別　介護保険施設基本サービス費の比較（多床室）

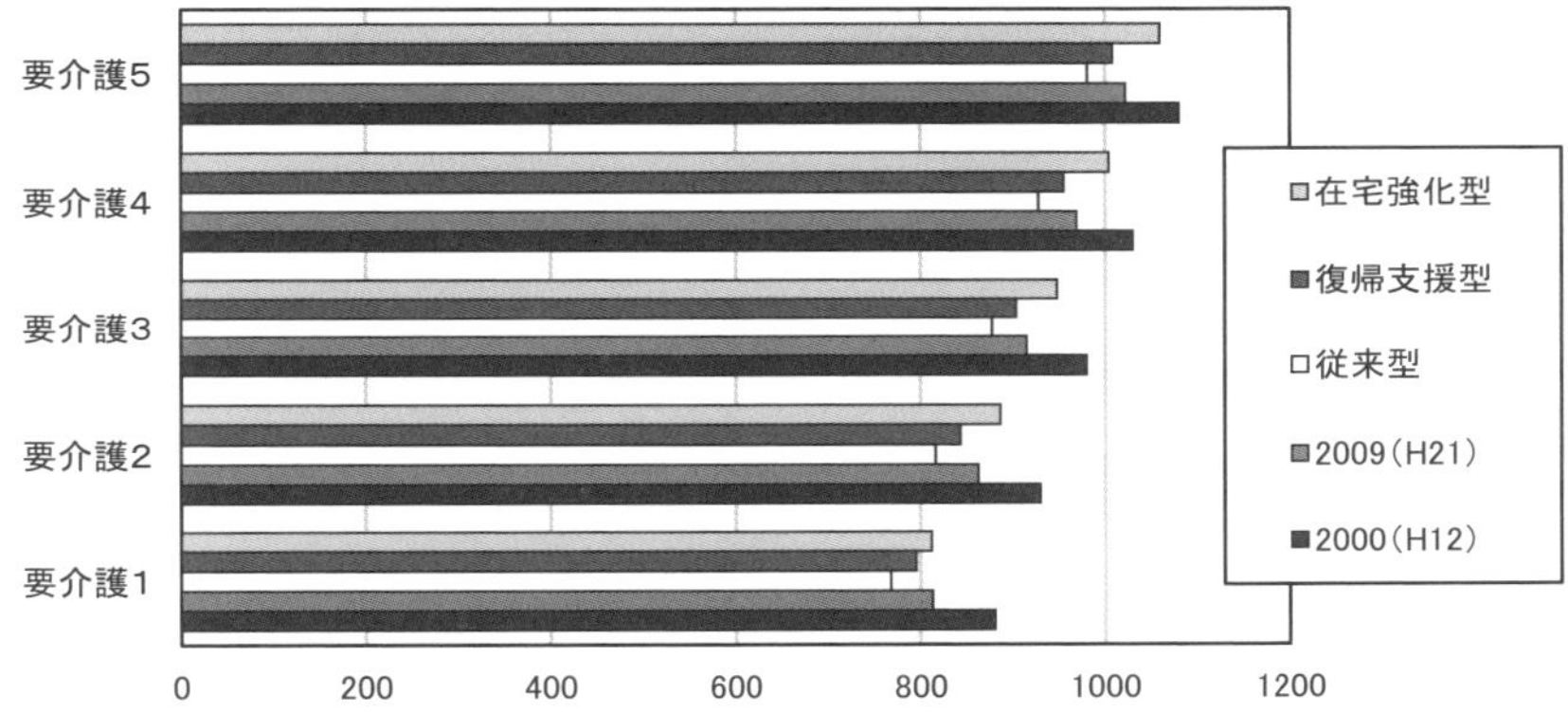

厚生労働省調査・全老健資料より作成

いえます。

逆に、よどの里が問題なく維持している要件は「重症度割合」です。最初に述べたように、よどの里の平均要介護度3・8で、重症度は高い。ただ、「重症度が高い＝家に帰る条件が難しくなる」ことを意味します。要介護度が軽～中度くらいの方ばかりだと、介護サービスを利用して在宅復帰できるよう支援しやすいが、経営的には重症度が多い方が望ましいのです。しかし、重症度が上がれば在宅復帰よりも特養入所などの施設を望む人が増え、また要介護度も高いためより入所しやすくなっています。「在宅復帰率」「ベッド回転率」「重症度割合」、この三つの足かせが厳しいのです。

では、強化型老健施設とそれ以外では、報酬単価はどれほどの違いがあるのでしょうか。実際の報酬単価を比べてみると、**図31**の一番下が2000年（平成12年）、つまり介護保険が始まった時の報酬を表しています。その上がおよそ10年後の従来型の介護報酬で、介護保険制度がスタートとして以降、報酬が引き下げられていることが

図 32　老健施設入所前の場所

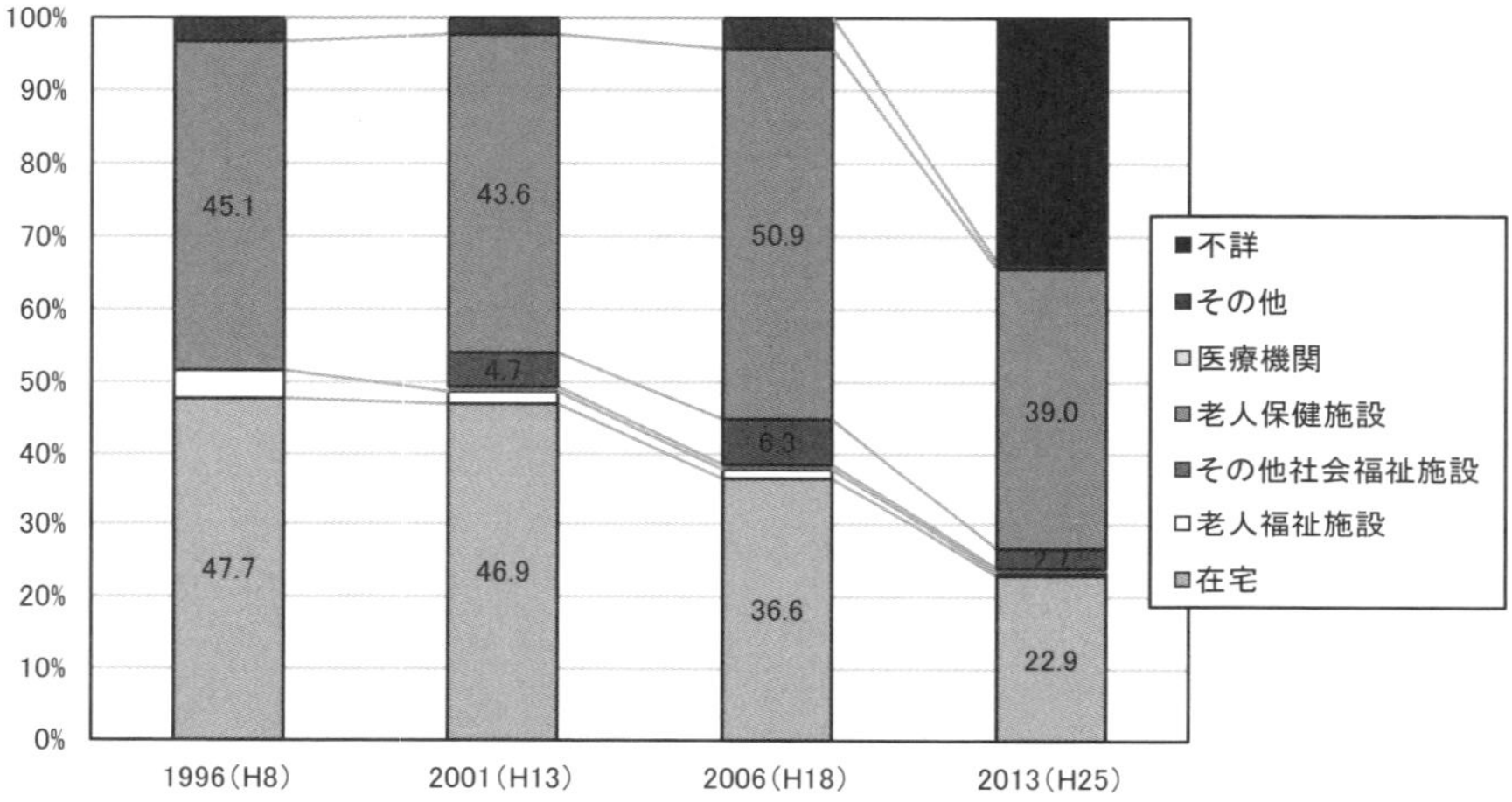

厚生労働省調査・全老健資料より作成

わかります。そして、上から順に、現在の強化型、復帰支援型、従来型。介護報酬が高ければ、先ほどの三要件の維持が必要になり、施設として非常に苦しい状況にあることがわかると思います。

（3）入所経路は在宅と医療機関

このような状況で、老健施設の入退者の状況も変化しています。図32は、老健施設の1996年（平成8年）以降の入所経路を示しています。2013年（平成25年）の不詳というのは、近年増加しているサ高住や有料老人ホームではないかと考えられ、明らかに、在宅からの入所者が減少しています。退所後の行き先を示したものが図33です。死亡が増えているのは、ターミナルケア加算が加わり、看取り介護を行う施設が増えているためと考えられます。特養への入所者の割合はあまり変動がみら

図33　老健施設退所後の行き先

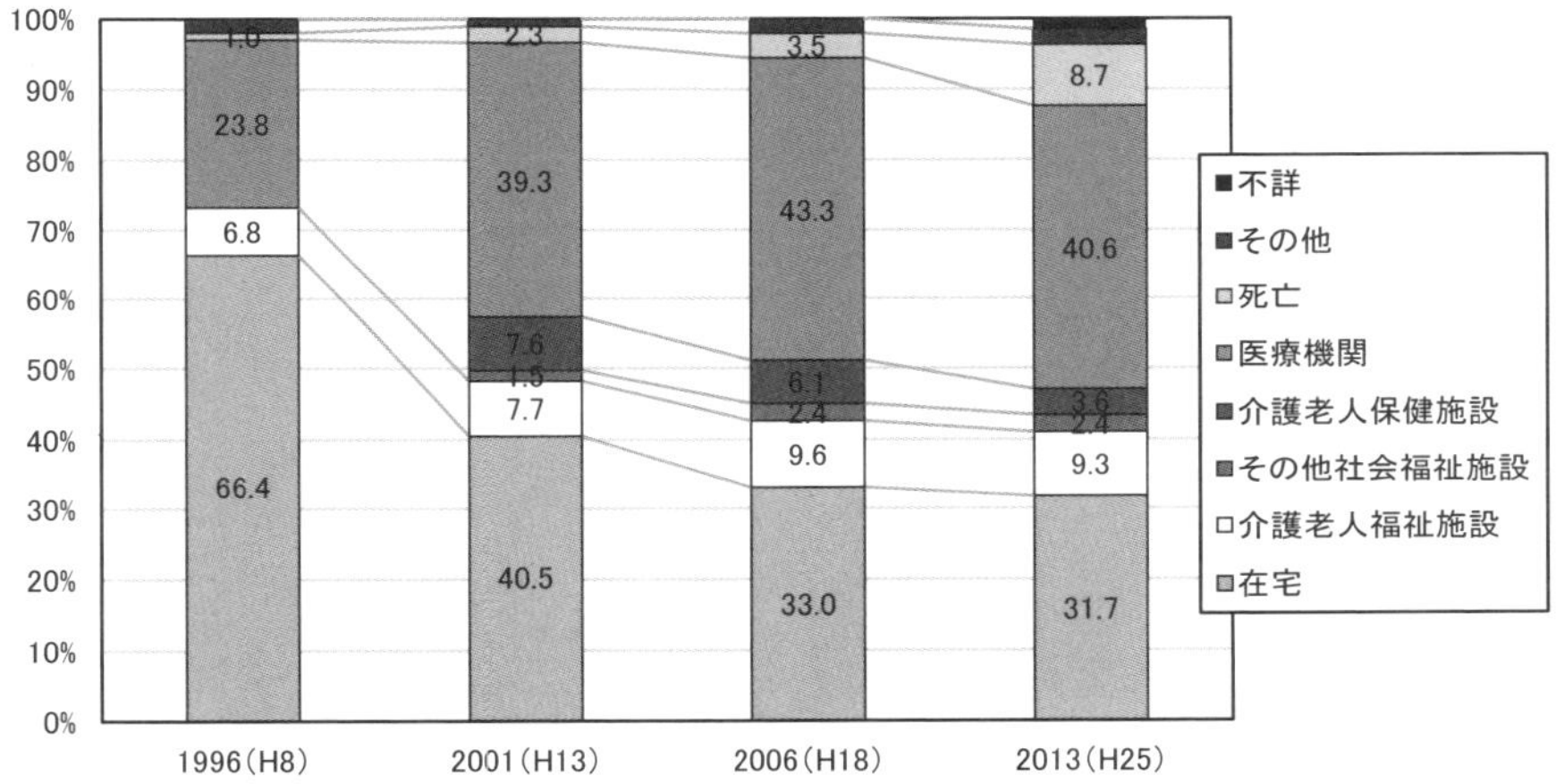

厚生労働省調査・全老健資料より作成

れず、他の老健施設への転所や在宅復帰者の割合は減少傾向にあります。以前よくみられた短期間で老健施設を転々と移動とするような支援は、現在は積極的には行われていないように思いますが、要介護状態によっては住環境の課題も多く（老朽化や狭小、段差が多い、和式トイレ等）、サ高住や有料老人ホームへの住み替えも増えていると考えます。このように、退所先についても非常に変化しているのです。

重症度についてはどうでしょうか。老健施設の在所者の要介護度別割合の変化（図34）をみると、2000年（平成12年）の介護保険が始まった当初は40％近かった要介護1～2の軽度者が、2013年（平成25年）には30％に満たなくなり、反対に40％に満たなかった要介護4～5の重度者は50％を超える勢いで増え続けています。冒頭でどの里も重度化が進んでいると説明しましたが、要介護4～5が70％近くを占めており、特養

図 34　要介護度別在所者割合の変化

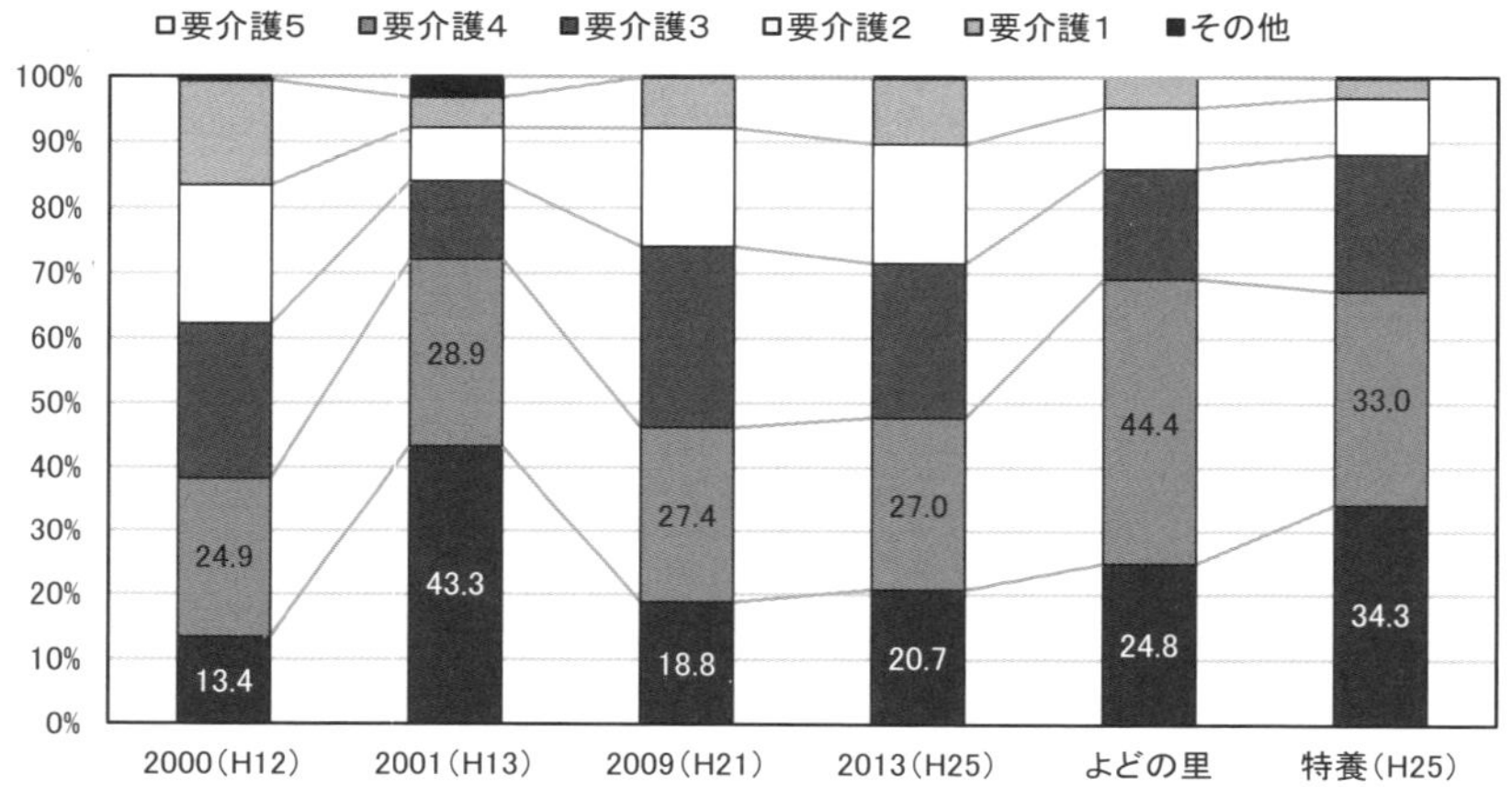

厚生労働省調査・全老健資料より作成

入所者の要介護度の割合とほとんど変わらない在所者状況になっています。鴻上先生のおっしゃる「介護現場が大変と叫んでいる」状況をこの図からも読み取ることができます。

老健施設全体の入退所経路が変化し重症度が高くなる中、強化型老健であるよどの里の２０１５年（平成27年）の入退所状況の特徴は、入所経路が在宅と医療機関でほとんど占められること、そして、重度化が進む中にあっても、他老健と同様に在宅復帰を目指し、看取り介護も実践し退所の支援を行っているところにあります。

在宅経由の入所者が多い理由には、リハビリ目的や夏場・冬場などの定期的な利用者が増えていることが考えられます。例えば、在宅復帰にむけての退所支援の際に、短期入所（ショートステイ）だけでなく定期入所も可能なことを紹介し相談に応じており、在宅生活の継続への不安や介護負担の軽減にもつながり、定期的な利用が在宅支援にも大きな役割を果たしています。

（４）老健施設は何ができるか

在宅支援において重介護や介護負担の問題は常に悩みです。先日、定期利用をしている女性利用者のご家族と今後の生活のことで話す機会がありました。脳梗塞の後遺症や腰痛もあり日常生活全般になんらかの介護が必要な80歳代の女性を、90歳を超えた夫が介護するという、いわゆる老老介護の状態でした。２年前に当施設から退所する際に、担当の男性介護職員がぬいぐるみを活用して夫にオムツ交換を指導した経緯があります。以降は、通所リハビリとショートステイ、介護負担の軽減目的で定期入所も取り入れ、老健施設の持つ介護サービスを最大限に利用してもらっています。

そのご家族が今の介護生活を振り返って「父も疲れるけれど、母が家にいる時は父の声の張りが全然違う。今の生活をせめてもう1年ぐらいは続けられへんかな」と言われました。

一方、ご家族によっては、常に誰かの見守りのある環境を希望し、在宅よりも施設生活を望むことも多くあります。また、老健施設の利用料はある程度固定しているため分かりやすく、サ高住や有料老人ホームなどの他施設に移ることが難しいこともあります。住環境も、老朽化や居住空間が2階にあり自宅に帰れないという人もいます。加えて、介護サービスの方も年々使いにくくなっていて、訪問介

【老健施設の役割】

①包括的ケアサービス施設
②リハビリテーション施設
③在宅復帰施設
④在宅生活支援施設
⑤地域に根ざした施設

護（ヘルパー）では、生活援助のサービス時間に制限があったり、サービスとサービスとの間を何時間か空ける必要があり、またショートステイの日数も多くならないように、届け出が必要な自治体もあるといいます。

今後は、軽度の要介護者から徐々にサービスが縮小されていく一方で、利用料だけでなく食費や居住費も負担増が進むでしょう。そのような情勢の中で、老健施設は一体何が出来るのか。全国老健施設協会は、老健施設の果たす五つの役割を挙げています。介護費用抑制のためでなく、介護が必要な状態にあっても自宅や地域、施設で安心して過ごせる社会作りに力を発揮できる老健施設でありたいと思っています。

終章　おわりにかえて

寺内順子（大阪社会保障推進協議会）

この「地域包括ケアを問い直す」の内容は、2016年11月20日に開催した大阪社保協主催「地域包括ケアを問うシンポジウム」での内容を中心にまとめています。

第1章の雨田信幸さんのお父さんについては、毎月開催している大阪社保協「介護保険の抜本見直しに関する検討会議」の中で雨田さんより常に病状報告がされ、私たちも回復されることをずっと願い、どうすればご本人が希望されている在宅での介護・看護ができるかを一緒に考えてきました。シンポジウムの冒頭でのご発言は、「なぜご本人、家族が望む在宅介護・看護ができないのか。何が阻んでいるか」について、具体的にお話いただきたいとお願いしました。まさに、ご本人が自宅に帰れないということこそが現在の地域包括ケアの反映だと私たちは考えたからです。シンポジウム後にお父さんが急逝されたことは本当に残念でなりません。何よりもご本人がどんなに残念であったかと思います。

雨田さんのお父さんのケースを時系列でまとめてみるとこうなります。

■2015年10月8日　自宅で階段から転落
救急車で日赤病院へ搬送、大阪市総合医療センター再搬送・脳出血と左

■2015年12月　大腿骨骨折での緊急手術
回復期リハビリ病院転院
「ベットから車いすへ移乗する」「1人でトイレにいける」を目標に1日3回のリハビリ

■2016年4月　入院から5カ月め　座位がとれるまでに回復
脳出血による回復期リハビリの期限が迫ったため退院へ

■2016年5月2日　老人保健施設入所
5月12日　肺炎のため提携病院に入院
6月　同老人保健施設に再入所、リハビリは1回20分×2回／週
11月　回復リハビリ病院では出来ていた座位が取れなくなり、言葉も聴き取れなくなる

■2017年3月　総胆管結石のため急性期病院に緊急入院
3月　老人保健施設再入所

■2017年4月1日　急性期病院に再入院、病院にて死去

ご本人もご家族も在宅での介護・看護を希望されていましたが、叶うことはありませんでした。自宅に帰れなかった最大の原因は病院でのリハビリ期間の短さにあると指摘できます。脳血管疾患での回復リハビリは最大6カ月しかなく、退院せざるをえませんでした。ここで期間制限なくリハ

ビリできたなら、在宅復帰も可能ではなかったかと思わざるを得ません。

次に入所した老人保健施設は、在宅までの『中間施設』という位置付けとなりますが、実際には病院を退院してもすぐに在宅に戻れない方のための長期入所施設となっているのが現状です。医療系施設ではありますが、リハビリの時間・回数とも回復期リハビリ病院と比較すると大幅に減り、明らかに状態が後退し、ご本人も精神的に落ち込まれたようです。

一方、在宅介護をするためには受け入れ側の介護者がどうしても必要となります。第1章の最後（29頁）に雨田さんのお母さんが「おじいちゃんが望んでいるように本当は家に連れて帰ってあげたいです。でも私自身、足や腰の痛みがあり身体を起こしてあげることもできないし、本人も自分で体を動かすことさえできません。そんな状態での生活なので帰ることは無理やなとおじいちゃんには申し訳ない…」と語っておられます。在宅での介護のための介護保険サービスですが、量的にも不十分であり、家族が在宅介護に踏み切れないのが実情です。

「病院退院調査結果」において39頁の**図14**にあるように退院においての患者家族の不安の声は「よくある」「ときどきある」が90％です。また、自由記述では「調整困難事例」での出現回数がもっと大きかったのが「家族」であり、「不安や疑問」の4番目に大きかったのが「家族」です。「家族介護」の不安を取り除く政策なくして、「地域包括ケア」の実現は不可能だと言えます。

退院した高齢者が在宅で暮らすための条件には何があるでしょうか。

例えば、ここでも雨田さんのお父さんのケースで考えてみましょう。

まず、在宅復帰のためには介護・看護ができる住居であることが不可欠ですから、退院までに住宅改修などが必要で、さらに電動ベットや車いすのレンタル、そしてそれらを入れることも出来るスペースが必要となります。

続いて、居宅サービスをどのように導入するか。要介護5であれば、通所リハビリを週3回、そこで入浴もできます。そして排せつへの対応は短時間ホームヘルプ（20分以内）を1日2回、週4回、そして週1回の訪問看護が最低必要となるでしょう。これで限度額いっぱいまで使ってしまうこととなります。介護保険は24時間365日使える制度ではありませんので、その他の時間帯は家族が介護を担うこととなります。

つまり、在宅介護・看護はまず費用負担が出来ることと、家族がいることが前提となっており、低所得で独居の高齢者は、現行制度では在宅ケアが不可能なのです。

現在の地域包括ケアをめぐっては介護保険制度の枠内だけにとどまっていたり、公的責任が全く問われずに「共生社会」という名のもとに地域（住民）の助け合いに矮小化されていることや、何よりも費用負担の問題ぬきに議論されていることに対し、大阪社保協として疑問を呈し、今後さらに問い直したいと考えています。

【編著者紹介】
鴻上　圭太（こうがみ　けいた）
1974年生まれ。立命館大学大学院社会学研究科博士課程前期課程修了（修士：社会学）
現在：大阪健康福祉短期大学介護福祉学科准教授
著作：『介護福祉論』（共著）『学びを追及する高齢者福祉』（共著）「介護に関する資格者の養成に関する現状と課題―学ぶ機会と介護労働におけるソーシャルワークの関係」『介護福祉労働再考　介護福祉労働の社会的意味と専門職養成の課題』（『日本の科学者』Vol.53　2017）

高倉　弘士（たかくら　ひろし）
1984年生まれ。立命館大学大学院社会学研究科博士課程後期課程修了（博士：社会学）
現在：総合社会福祉研究所、立命館大学産業社会学部非常勤講師
著作：「保育運動を考える」『保育の社会学　子どもとおとなのアンサンブル』（共著）

北垣　智基（きたがき　ともき）
1984年生まれ。立命館大学大学院社会学研究科博士課程後期課程満期退学 (修士：社会学)
現在：大阪健康福祉短期大学介護福祉学科講師
著作：『未来につなぐ療育・介護労働』(共編著)『介護福祉学への招待』(共編著)「社会福祉法人の人事・労務管理改革と介護労働者の給与・人材確保問題との関連性についての一考察」（『立命館大学産業社会論集』第52巻第4号）

〈企画〉**大阪社会保障推進協議会**
〒530-0034　大阪市北区錦町2-2 国労会館
電 話：06-6354-8662　　FAX：06-6357-0846
E-mail：osakasha@poppy.ocn.ne.jp　　web：http://www.osaka-syahokyo.com/

地域包括ケアを問い直す　高齢者の尊厳は守れるか

2018年1月10日　初版第1刷発行

編著者　鴻上圭太、高倉弘士、北垣智基
発行者　坂手崇保
発行所　日本機関紙出版センター
〒553-0006　大阪市福島区吉野3-2-35
TEL 06-6465-1254　FAX 06-6465-1255
http://kikanshi-book.com/　hon@nike.eonet.ne.jp
本文組版　Third
編集　丸尾忠義
印刷・製本　株式会社サンギョウ

ISBN978-4-88900-951-4